D1984290

© Verlag Zabert Sandmann
GmbH, München
1. Auflage 1993

Herausgeber Uwe-Jens Schumann
Redaktion Angelika Schlenk
Erich Dederichs

Grafik / DTP Georg Feigl
Herstellung Peter Karg-Cordes
Lithographie Repro-Ring, München
Druck Mohndruck, Gütersloh

ISBN 3-924678-59-6

DEUTSCHLAND DEINE BIERE

mit Texten von
Achim Becker, Hannes Burger,
Dietrich Höllhuber, Gabriel Laub,
Walter Mergarten, Erhard Thiel,
Uwe-Jens Schumann, Horst Vetten

fotografiert von
Alexander Haselhoff, Alexander Walter,
Andreas Wemheuer

ZABERT
SANDMANN

Inhalt

Vorwort

von

Uwe-Jens Schumann

Kaum etwas läßt sich so lustvoll aufschäumen wie die Geschichten vom Bier. Ob man es nun mit frommen Sprüchen begleitet (»Hopfen und Malz, Gott erhalt's«), einen Literaten wie Thomas Mann zitiert (»Ein Glas Helles verschafft mir Lehnstuhlbehagen«), ob man nun den Tacitus studiert, der mit wohlgesetzten Worten das mundende Getränk der Germanen preist, oder den Martin Luther um sein »thadelsfrei« schönstes Hochzeitsgeschenk beneidet: ein Faß »einpöckisch« Bier – der Gerstensaft fließt durch die deutsche Kulturgeschichte in hellen Strömen: Die Bockbier-Schnurren und Pils-Legenden, Märzen-Märchen und Weizen-Geschichten ranken sich nur so um Reich und Arm, was dem Bier zu Recht das Prädikat »Volksgetränk« einbrachte, buchstäblich vom König (wie dem Alten Fritz, der in seinem »erstgelernten« Beruf Bierbrauer war) bis zum Eulenspiegel (der in dem Brau-Städtchen Einbeck dereinst aus purer Narretei einen Hund namens »Hopf« dem Sud beigegeben haben soll). Und erst recht die regionalen Bräuche im genüßlichen Umgang mit dem Bier zeigen auf, daß wir in einem »ganz und gar bierseeligen Lande« – so der Spötter Erich Kästner – leben: die kühlen Pilstypen des Nordens, die Kölner, die ihr Leibbier gleich »von der Stange« trinken, die Leipziger, die sich gerne einem Gerstensaft namens Gose mit wahrhaft durchschlagender Wirkung zuwenden, die Berliner, die ihre Molle gerne mit rotem oder auch grünlichem Saft »durchschießen« und nicht zuletzt die Bajuwaren, denen das Bier die Maß aller Dinge ist.

Nicht nur wegen all dieser Bier-Histörchen – es klingt schon ein wenig seltsam, wenn man unserem Bier ganz nüchtern beikommen will: Etwa 1.300 Brauereien gibt es in Deutschland, die circa 5.000 verschiedene Marken auf den Markt bringen. 144 Liter Bier fließen laut Statistik durch jeden deutschen Schlund (wobei in Bayern mit 242 Litern der Ruf von Malz-Metropolen gehörig manifestiert wird). Fast 80 Prozent der deutschen Männer trinken mit unterschiedlicher Intensität gerne das Gebräu Nummer eins, die Frauen stehen mit 61,8 Prozent kaum nach.

Und welches ist die deutsche Hauptstadt des Biers? Dortmund kann auf einen enormen Hektoliter-Ausstoß stolz sein und dürfte sich des Titels sicher sein, Köln hat sich sogar eine eigene »Kölsch-Konvention« geschaffen – ein »Biergesetz«, das die »Kölsch«-Produktion in sehr engen Grenzen vorschreibt – und München sieht sich auch beim Bier als das »heimliche Dorado«. Doch auch in der Stadt Kulmbach (dort werden statistisch 5.500 Liter jährlich pro Einwohner gebraut), in Bitburg oder in Warstein ist der Bierausstoß beträchtlich. Das verlangt sogar einer Stadt wie Bamberg Respekt ab, die sich von über 30 Brauereien umgeben weiß.

Das schlägt dem Faß den Boden aus? Oh nein, diese sprichwörtliche Fassungslosigkeit (entstanden, weil mittelalterliche Landsknechte unerlaubt in fremde Städte exportierte Bierfässer mit der Axt zerschlugen) trifft ja nicht nur auf das deutsche Bier zu. Schließlich gärt es in vielen anderen Ländern auf ähnliche Weise – aber das wäre nun mal eine andere Geschichte. Drum: Prosit! Das Wort, das wir dem Lateinischen entnommen haben und das nichts anderes bedeutet als: »Es möge nützen!«

Ein besseres Motto für dieses Buch kann ich mir kaum vorstellen.

6
Brauerei:
„Heller."
Wirtshaus
zum
„Schlenkerla."

Kleine Bierphilosophie

Akademischer Unterbau für den praktischen Durst

von Horst Vetten

Als Biertrinker habe ich mich ständig weitergebildet und -entwickelt. Im Gegensatz zu dem Halbdunkel, in dem der Anfang meiner Karriere keimte, befindet sich der augenblickliche Höhepunkt im strahlenden Glanz eines mit Hurra und Bravour absolvierten Bierseminars in Bamberg, dessen Besuch und Bestehen mir auf einer büttenen Urkunde feierlich bestätigt wurden. Es fehlt nicht der Hinweis, daß ich mir reiches Wissen auf dem Gebiete der Bierforschung angeeignet und dies vor einer gestrengen Kommission dargetan habe.

Wir waren vierzehn. Drei Frauen, elf Männer, darunter ein Amerikaner, der aber nach zehn Halben Bier noch besser Deutsch sprach als mancher Deutsche nüchtern.

Wie immer, wenn sich eine solche Ansammlung von Typen ohne Rangregelung für eine paar Tage zusammenfindet, galt es, stillschweigend eine vorläufige Hackordnung auszumachen. Der Amerikaner sowie ein wegen beharrlichen Schweigens als Weiser verdächtigter Sechziger und der Schreiber dieses Kapitels begaben sich ohne Zögern an das Ende der Hühnerleiter.

Am ersten Abend haben wir verkostet und getestet. Wir taten es an einem einheimischen Flaschenbier, dessen Namen ich aus Gründen der Schleichwerbung nicht nennen will, dazu war es auch zu laff und zu lau und zu leer. Damit wäre aus meiner Sicht das Bier erledigt gewesen, nicht jedoch für einen Bierseminaristen der Stadt Bamberg (sprich: Bambech). Der Bamberger Bierseminarist kriegt einen DIN-A4-Bogen in die Hand, und da sind ihm nun 76 Begriffe zur Hand gegeben, mit denen muß er das Bier bewerten, selbst wenn die obigen drei genügt hätten. Beispiele:

Für die Farbe: sehr helles Gelb, helles Gelb, mittleres Gelb, leicht rotstichig, feurig dunkel. Ein Pils kriegt beispielsweise für ein »sehr helles Gelb« schlanke vier Punkte, ein Dunkles verständlicherweise null. Klar wie Bockbier, das übrigens mit dem Gefährten der Ziege überhaupt nichts zu tun hat, sondern mit der Stadt Einbeck, wo die ersten Biere dieser Art gebraut wurden. Brauer, die ihren Flaschen Etiketten aufpappen, auf denen ein Bock einen flachen Eindruck erweckt, haben also in der Tat einen geschossen; sie beweisen, daß sie sich in der Bierhistorie nicht auskennen und dringend zum Bierseminar nach Bamberg abgestellt werden müßten.

Die Gaststätte der »Schlenkerla«-Brauerei in Bamberg – der rechte Ort für ein Bierseminar. Berühmt ist das »Schlenkerla«, weil es dort das seltene Rauchbier gibt und ein besonderes Hausgesetz: Außer zu den Hauptmahlzeiten dürfen Gäste ihre Brotzeit von zu Hause mitbringen. Davon wird reichlich Gebrauch gemacht.

Der Schluck, auf den sich ein jeder Biergenießer freut...

Bügelverschlußflaschen – bei Traditionsbrauereien nicht aus der Mode gekommen

Eine Maß in frischer Luft – für viele die Maß aller Dinge

Auch die Nase ist ein wichtiges Organ, um die Qualität eines Biers zu testen

Weitere Beispiele der Komplizität einer Bierverkostung:

Für Glanzfeinheit sind an fachlichen Termini unverzichtbar: glanzfein, glanzklar, noch glanzklar, leicht trüb, trüb. Für die Reinheit des Geruches: rein, noch rein, leichter Fremdgeruch, starker Fremdgeruch. Uns waren, sofern mit entsprechenden Fachwörtern schlecht ausgerüstet, folgende Möglichkeiten zur Auswahl gegeben: Jungbier, dumpf, Butter; dumpf faulig; Zwiebelgeruch; Apothekengeruch; fruchtig; Brotgeruch; hefig. Nun die Übersetzung ins Bierologische in der obigen Reihenfolge: Acetaldehyd, Diacetyl, H_2S, DMS, Chlorophenole, Ester, Oxydation, Autolyse. Ist das eine Wissenschaft!?

Weitere Bewertungen waren abzugeben in den Kategorien Hopfenbukett, Schaumentwicklung, Schaumhaltbarkeit, Rezenz (das Prickelnde, Erfrischende am Bier, wenn der Student V. richtig kapiert hat), »Haupttrunk« mit a) Körper, b) Bittere, c) Fremdgeschmack und schließlich Nachtrunk. Das ist nicht zu verwechseln mit Nachdurst. Nachtrunk ist das, was im Munde bleibt, wenn alles schon runtergeschluckt ist. Einem Biertrinker braucht man das nicht zu erklären, und bei den anderen hat es ohnehin keinen Wert. Also, dieser Nachtrunk kann voll und rund ausklingen, er kann leicht und harmonisch ausklingen, er kann auch etwas schnell ausklingen, ja, er kann sogar abreißen. Fürchterlich ist das Urteil, wenn der Verkoster sagt, der Nachtrunk hängt mastig an, oder die Bittere hängt an, oder der Nachtrunk ist einfach flach mit anhängender Bittere. Wir kennen das alles, diese anhängende Bittere auf der Zunge. Das vernichtendste Urteil fällen wir, wenn wir den Nachtrunk unharmonisch finden, und zwar mit adstringierender Bittere. Fragen Sie mich nicht, was adstringierende Bittere ist, es ist schlimm genug. Ich habe dieses Schreckensurteil für das Bamberger Probebier nicht fällen müssen, so schlimm war es nicht, aber wieder zu Hause habe ich in einem medizinischen Lexikon nachgeguckt. »Adstringens, lat.« heißt es da, »auf Schleimhäuten oder Wunden zusammenziehend wirkendes, blutstillendes Mittel«. Kunststück, wenn einem dabei nicht der Durst vergeht.

Eine anheimelnde Atmosphäre vermitteln die Gaststättenbrauereien – wie hier das »Alt-Heidelberg Brauhaus« –, in denen der Gast direkt »an der Quelle« sitzt. Ein- oder zweimal in der Woche ist Brautag. Dann kann der Bierkonsument hautnah mitbekommen, wie sein Bier gebraut wird. Allerdings: Seinen Gerstensaft wird er dennoch nicht frisch aus den Braukesseln bekommen – er muß erst noch eine gewisse Zeit gelagert werden.

Zweifelsohne sind wir in der Bamberger Seminarwoche mit Wahrheiten, Weisheiten und Erkenntnissen unseres Studiengebietes nur so überhäuft worden. Ich in meiner Doppelrolle als gewöhnlicher Immatrikulierter, aber eben auch als Protokoll- und Geschichtsschreiber bin gewiß vom Stoff oft überfordert gewesen. Ich halte mich für äußerst vielseitig ungebildet, und die Theorie ist auch auf anderen Gebieten meine Sache oft nicht gewesen. Um so mehr

Nutzen habe ich aus den persönlichen Begegnungen gezogen, beispielsweise mit meinem Hamburger, den ich aus Tarnungsgründen mal Fietje nennen will, er hieß aber Harald. Auch von meinen Berliner Leistungstrinkern habe ich viel gelernt.

Eines Abends gerieten sie in eine akademische Auseinandersetzung darüber, wie lange es her sei, daß auf germanischem Boden Auerochsenfelle ausgebreitet wurden, wo sich dann die Ureinwohner niederließen und aus Kuhhörnern Met oder Bier oder was immer soffen, und – Kardinalfrage – ob ihnen schon der Ex-Trunk geläufig gewesen sei. Mein Pulli-Berliner, weil er so gerne Gestricktes trug, sagte ja.

Mein Sportabzeichen-Berliner, denn das trug er zuweilen, sagte nein.

Pulli sagt: »Du hast glatt'n Kultursprung verschlafen.«

Sportabzeichen: »Wat for'n Kultursprung?«

ROHRENFELSER
BIERE
aus der Brauerei Schneider OHG
Rohrenfels bei Neuburg / Donau
TEL. 2030 NEUBURG/DO.
MARQUE
DEPOSEE
FREYSZ
LA BONNE BIÈRE
DE STRASBOURG
Zwiefalter
Klofter-Bräu
400 Jahre
KLOSTERBRAUEREI A. BAADER ZWIEFALTEN
Schwartz-Storchen
Bier
SEIT 1831
Dreykorn-Bräu
Lauf
Lutterbach
BIÈRE D'ALSACE
Spaichinger
Waldhorn
Bier
FLASCHENBIER
Verkaufsstelle
Krombacher
Pils
Krombacher
ADLER BRAUEREI GEISLINGEN
Hell
Dunkel
Lager-
G. HEZLER
Export-
Das gute
Schwabenbräu
Schwabenbräu
aus der
Brauerei
Rob. Leicht
Stuttgart-Vaihingen
Kronen-Brauerei
Offenburg
EXPORT
BRAUEREI
GENTNER
SPIELBERG
Goldochsen
Bräu
L. Ländle Goldochsen-Brauerei
Jlshofen
KRONEN
BRÄU
OTTENSOOS
M-B
Maisel-
Bräu
Bayreuth
Bayern
Deininger
Biere
in
Flaschen
Strauß-
Brauerei
Leutkirch
SCHMIDTS
HEINER
BIER
Schmidt's-Heiner
Bräu
HOF
BAYERN
TT
König-Pilsener

Pulli: »Det war der sojenannte Hornsprung. Als die ollen Jermanen mitkriegten, daß se'n Horn uff eenmal austrinken mußten, war'n se'n Kultursprung weita.«

Sportabzeichen: »Warum mußten die denn det Horn uff eenmal austrinken?«

Pulli: »Weil sie et nich uff'n Tisch stellen konnten.«

Pulli entwickelte eine Theorie, nach der sich der Ex-Trunk seit jenem Kultursprung immer weiter verfeinert habe und heute bei zwei Zentilitern angelangt sei. Er demonstrierte dies mit einigen Dornkaat und ermunterte seinen Teamgefährten, das Erlebnis fünf- oder zehntausend Jahre nach dem Hornsprung mitzuvollziehen. Diese Demonstration, so erklärte er uns anderen Seminaristen, diene aber auch einem praktischen Zweck. Ohne die »kleenen Dinga«, sagt er, kriege er die Bayerisch-Bamberger-Plempe nicht runter.

Hier mündete die Fallstudie in eine Betrachtung jenes Phänomens, daß nicht nur zur Sommerzeit, sondern mittlerweile schon ganzjährig die Preußen in Hundertschaften nach Bayern einfallen, die dortige Plempe für lau, laff und leer erklären und dann, kaum hat der Pegel die Oberkante Unterlippe erreicht, unter die bayerischen Biertische stürzen. Weil kein einziger Bayer unter uns Seminaristen war und auch unser Dozent nur ein reinblütiger Gelsenkirchener, konnte diese Fallstudie nicht einem wissenschaftlichen quellklaren Ende zugeführt werden. Unser Dozent, der seit Jahren in Bamberg hockt und sich bayerisch geben muß, redete sich damit heraus, daß jedes Bier am besten schmeckt und wirkt, wenn es im Schatten des Brauereiturms getrunken wird. Das ändert aber nichts an jenem erstaunlichen zweigleisigen Einbahnsystem, das wir Bierforscher seit einigen Jahren beobachten: Das Pils zieht von Norden nach Süden mittlerweile ebenso unaufhaltsam wie das Weißbier von Süden nach Norden. Wir rätselten in unseren Seminarüberstunden lange darüber und tranken reichlich von beidem, aber das bringt einen ja auch nicht weiter.

Emaillierte Brau-Werbeschilder – wie hier im Brauerei-Museum Maisel in Bayreuth – haben heute hohen Sammlerwert. Die schönen Schilder sind dekorativ-nostalgisch und belegen die Existenz so mancher Marke, die es so heute gar nicht mehr auf dem Markt der 5.000 verschiedenen deutschen Biere gibt.

Nun ist es an der Zeit, von unserer Prüfungsangst zu erzählen. Herr Ferch, ein ruhiger Franke mit einem Humor, den er fest in seiner Brust verbirgt, hatte bereits am ersten Tag gedroht: »Wer spickt, wird von der Prüfung ausgeschlossen.« Von da an scherzten wir Deutschen sehr viel über diese Prüfung, malten uns das Schrecklichste aus und gaben mit viel Humor und saftigen oder hauchzarten Anspielungen zu erkennen, wie sehr wir uns davor erhaben fühlten, Angst vor einer Bierprüfung zu empfinden oder gar vor der Möglichkeit, die Urkunde nicht zu bekommen.

Eine deutsche Urkunde ist immerhin eine Urkunde. Es haben bei Herrn Ferch im Verkehrsamt zu Bamberg schon Leute nachgefragt, ob die Urkunde staatlich anerkannt werde. Es studierten beim allerersten Bierseminar zwei leibhaftige Universitätsprofessoren, und natürlich kriegten sie die Urkunde, und es standen auch ihre Titel drauf. Da kam der eine Universitätsprofessor zu Herrn Ferch und sagte, es sei ihm peinlich, und er bezahle auch die Mehrkosten, aber man möge ihm eine neue Urkunde ausstellen, ohne Titel, damit zu Hause nicht der Eindruck entstehe, er habe sich beim Bamberger Bierseminar mit dem Professorentitel Vorteile erschlichen.

Auch in unserem Seminar wuchs die künstlich-heitere Gelassenheit. Ich machte mir ja schon von Anfang an aus gutem Grund Notizen und galt sowieso als Streber. Das kleine Ehepaar schrieb, der blonde Westfale genierte sich zuerst, dann schrieb auch er. Der stumme Weise schrieb überhaupt nicht. Deshalb konnte auch die großrahmige Hamburgerin nicht bei ihm abschreiben, die jetzt immer neben ihm saß und es wahrscheinlich nötig gehabt hätte, als Weintrinkerin. Die Berliner Kampftrinker entwickelten sich auch auf diesem Gebiet auseinander. Pulli schrieb, offenbar, um Sportabzeichen zu ärgern, nichts mit. Sportabzeichen machte sich häufig Notizen und erzählte mir mal beiläufig, daß er im Abi durchgerauscht wäre, wenn es

Ordnung muß sein...: Rund 2.000 verschiedene Bierglastypen gehen in Deutschland von Hand zu Hand, derbere Humpen für den kräftigen Gerstensaft, schlanke Kelche für den eleganten Edelstoff. Rund 250 Millionen Biergläser, -krüge und -humpen sind bei uns im Umlauf – profilierte Formen, die der jeweiligen Marke den Wiedererkennungswert geben sollen. Im Westerwald-Ort Höhr-Grenzhausen werden die meisten Designs für Biergläser erdacht.

ihm nicht in letzter Minute gelungen wäre, die Sportnote um eins zu verbessern, von fünf auf vier oder so. Er sagt, nee, det ville Bier würde ihn nicht daran hindern, das Sportabzeichen heute noch mal zu wiederholen, aber er hat wat mit die Sehnen, sonst ist jedoch alles okay, nur bei wichtigen Konferenzen, da zittern ihm geringfügig die Hände. Er ist Junggeselle, trinkt immer nur zu Hause, aber täglich, und das Diplom kommt an die Wand. »Ein Amerikaner«, sagt unser Amerikaner, »würde sich nie um das Diplom sorgen. Ein Amerikaner sagt sich: ›Was ich bezahlt habe, das bekomme ich auch.‹ Ich glaube, er war der einzige, der niemals an die Prüfung dachte. Sogar ich dachte an die Prüfung. Aber ich fühlte mich aus dienstlichen Gründen entschuldigt, wenn ich darüber grübelte, ob ich mich blamieren würde oder nicht.

Als Vollmitglied der bundesdeutschen Bierstatistik habe ich im Jahr 144 Liter Bier zu trinken. Ohne Angeberei kann ich von mir behaupten, daß ich mehr als meine statistische Pflicht tue. Da meine Schwiegermutter, meine Frau und auch meine beiden Söhne auf diesem Gebiet etwas nachlässiger sind, übernehme ich deren statistisches Defizit klaglos auf mein Konto (obwohl bei den Söhnen bereits schon Ansätze der Besserung zu erkennen sind). Ich bin ein ordentlicher Staatsbürger, der seine Aufgaben bis hin zur Alkoholsteuer überreichlich entrichtet, ich bezahle Kirchensteuer an beide Konfessionen, und weil man nie wissen kann, was kommt – Ferien, Grippe, Auslandsreise in eine bierlose Gegend –, arbeite ich immer auch mal wieder vor. Ganz seltene Versäumnisse während der Woche hole ich samstags-sonntags strikt nach. Ich habe erkannt, daß ich es meiner Gesundheit schuldig bin, mir die im Bier befindlichen lebensnotwendigen Enzyme zuzuführen. Weil ich in Bamberch gelernt habe, daß sich in jedem Liter Bier mindestens 0,2 Milligramm Riboflavin, 0,3 Milligramm Pyridoxin-Komplex und 6,5 Milligramm Niacin Nikotinsäure tummeln, habe ich mir eine persönliche Prophylaxe ausgedacht. Mit der Pantothensäure (mindestens 0,5 Milligramm in jedem Liter Bier) habe ich bereits bis ins Jahr 2004 vorgesorgt, mit Phosphor, Asche, Mineralstoffen und 21 verschiedenen Aminosäuren aus der Eiweißgruppe sogar bis ins Jahr 2008. Als mein Hausarzt unlängst ein Blutbild von mir anfertigen ließ, explodierte sein Labor.

Bier, so sage ich meiner uneinsichtigen Badezimmerwaage, Bier hat wenig Kalorien, ich habe es selbst beim Bierseminar gelernt. Es ist nämlich so, ich zitiere aus meinem Studienmaterial die Broschüre »Vom Halm zum Glas« – womit natürlich nicht der Limonadenstrohhalm gemeint ist, sondern der Halm, auf dem die Gerste sprießt –, also, ich zitiere:

»Was die heute so viel diskutierten Kalorien anbelangt, so erweist sich das Bier, ganz im Gegensatz zu dem Eindruck, den der Begriff ›flüssiges Brot‹ üblicherweise vermittelt, als ein ausgesprochen kalorienarmes Getränk. Lediglich Getränke wie Mineralwasser, Kaffee und Tee (ohne Zucker und Sahne) sowie Mager- und Buttermilch enthalten weniger Kalorien als das Bier. Mit seinen 45 Kalorien pro 100 Milliliter hat das Bier also weniger Kalorien als zum Beispiel Milch, Wein, viele Obstsäfte und manche andere Getränke. Hinzu kommt, daß mehr als die Hälfte dieser Kalorien auf den Alkohol entfallen, der vor allen anderen Nährstoffen wie Kohlenhydrate, Fett, Protein unter Freisetzung seiner gesamten Energie zu Kohlendioxyd und Wasser verbrannt (veratmet) wird.«

Ende des Zitats aus meinem Studienschrifttum. Es folgt eine Tabelle, auf der sehr schön verdeutlicht ist, daß Bier, statistisch betrachtet, ein Magermacher sein muß:

Danach hat Lagerbier nur 45 Kalorien (pro hundert Milliliter), Pilsener soeben 46, Export lediglich 50, Bock gerade noch 62. Dagegen mästen einen in hundert Millilitern Vollmilch 68 Kalorien, und selbst in einem unscheinbaren Apfelsaft wimmeln 47 (in Worten: siebenundvierzig) von diesen Biestern. Im Grunde ist mir die Sache aber nicht neu. Als ich vor ungefähr vierzig Jahren an einem Kindergeburtstag vier dreiviertel Liter Apfelsaft trank (etwa zweitausendeinundvierzig Kalorien oder achttausendfünfhundertachtundsechzig Joule), war mir tagelang schlecht. Mit Bier ist mir das nie passiert.

Wie gesagt, der harte Kern unseres Seminars saß in freiwilligen Übungsstunden jeden Abend beisammen und forschte weiter. Die Biere schmeckten, wie sie sollten, und rannen an ihre Bestimmungsorte. Dabei diskutierten wir die Rolle des Biers als Diätfaktor – auch ein Kapitel aus »Vom Halm zum Glas«. Nämlich, so heißt es dort: »Mit Sicherheit ist das Bier frei von pathogenen Keimen.« Das beruhigt ungemein, obgleich Berlin-Pulli sagt, er würde es auch saufen, wenn nur diese pathogenen Stoffe nicht rausschmeckten.

»Somit«, fährt unsere Schrift fort, »kommt dem Bier in der Reihe der Getränke ein besonders hoher hygienischer Wert zu.« Diese Formulierung veranlaßte Pulli zu dem Zwischenruf »Siehste« und wies ihn als fortgeschrittenen Akademiker aus.

»Alle Nährstoffkomponenten des Biers«, lehrt unser schlaues Büchlein, »werden in flüssiger, also leicht aufnehmbarer Form dargeboten.« Hier murmelte Sportabzeichen, das habe er sich doch beinahe so gedacht.

»Dank seines Gehalts an natürlicher Kohlensäure kann das Bier verhältnismäßig kühl getrunken werden«, schreibt unser Bierbrevier. Pulli bemerkte an dieser Stelle, worum er wohl auch immer herzlich bitten würde.

Als krönenden Satz empfanden wir alle gemeinsam folgende Feststellung aus »Vom Halm zum Glas«: »Es (das Bier) ist fast ganz frei von Fetten und Kochsalz, wirkt harntreibend und gewebeentwässernd sowie dadurch auch schlankmachend, eine Feststellung, die viele überraschen wird.« In der Tat guckten wir uns überrascht gegenseitig auf die Taillen (allenfalls vier von uns konnte man als schlank durchgehen lassen) und nahmen uns vor, daheim mit unseren störrischen Badezimmerwaagen ein ernstes Wort zu reden.

Einer meiner früheren Lehrmeister auf diesem Gebiet war der Inhaber eines Lokals, das ich aus Gründen der Tarnung »Fritz am Altmarkt« nenne – die handelnden Personen, wenngleich zum Teil schon nicht mehr unter uns an der Theke, haben ein Anrecht auf Trinkerschutz. Der Wirt hieß Karl Fritz; jeder weiß, daß er mal deutscher Meister über hundert Meter oder sonst was war, das kann man überall in den Statistiken nachlesen. Der Mann besaß 4.000 Bücher, alle selbst gelesen. Bis ins fünfte Lebensjahrzehnt hatte er Deutschlands Grenze nie überschritten. Er log, daß sich die Balken bogen. Er konnte den Hafen von Kapstadt detailgetreu schildern und war persönlich mit dem dortigen Leuchtturmwärter bekannt. Der hieß Prost. Karl Fritz hatte an einem schauerlichen Novembernachmittag 1944 Dienst in einer ME 109 über dem Ärmelkanal. Plötzlich reißen die Wolken auf. Vor Karl Fritz eine britische Superconstellation. Karl Fritz stellt seine ME 109 auf den Kopf, ran an den Feind, die Bordkanone an – prrrrt, eine Feuerkugel birst, im Nu ist alles wieder dicke Suppe; mit Mühe erreicht Karl Fritz das Festland.

Anderntags liest er die Zeitung: »Glenn Miller über dem Ärmelkanal verschollen.«

Mein Praktikum in Bierologie ist unauslöschlich mit dem Lehrmeister Karl Fritz verbunden. Hielt einer nicht recht mit bei den Runden, mahnte er: »Charakter, Junge, Charakter.« Wenn, was ja auch mal vorkam, das erste Glas nicht schmeckte, wußte er Rat: »Das dritte zuerst trinken.« Er hatte eine Glatze und einen Bauch, wo er bei einem Wirt hingehört, und er übte sich in zwei Stilarten des Trinkens. Die eine darf man als »Vormittagstrunk« bezeichnen: Er setzte das Glas an die gespitzten Lippen und ließ das Bier im Neunzig-Grad-Winkel sachte über die Oberkante Unterlippe rinnen. Das war beim Frühschoppen; danach, zwischen drei und fünf Uhr, ruhte Karl Fritz. Abends, nach unbedeutendem Vorgeplänkel zur Stoßzeit, während der Karl Fritz gewöhnlich noch den Vormittagstrunk praktizierte, geriet er bei ausführlicher Darstellung eines Rittes durchs wilde Kurdistan – er hatte sämtliche paarundfünfzig Bände Karl Mays gelesen – zusehends in Fahrt. Von da an ging er ins sogenannte »Zugtrinken« über. Das heißt, er verursachte, welche Technik jeder Biertrinker beizeiten erlernt, durch Zusammenziehen der Lippen- und Wangenmuskeln eine Pression im vorderen Mundbereich, wodurch sich der Durchfluß des Biers enorm verstärken läßt; da hinzugesellt sich in der letzten Phase, beispiels-

Wettbewerb des gemütlichen Interieurs – dieses hat Tradition in der Düsseldorfer Altstadt. Doch bei all dem schönen Ambiente: Vorrang hat die Qualität des Biers. Auch wenn längst das Pils in die Altstadt eingezogen ist, sein kleines Glas Alt gehört für den eingesessenen Düsseldorfer immer noch zum »Muß«.

weise beim Ex-Trunk, noch eine Steigerung des Glas-Grad-Winkels auf bis zu 150 Grad. »Dieses Zugtrinken«, sagte Karl Fritz, »kann man sich tags nicht gut leisten, und abends hält man es nicht sehr lange durch.«

Wasser macht stumm,
man sieht es an den Fischen.
Wein macht dumm,
man sieht es an den Herr'n dort an den Tischen,

reimte der Geheime Rat aus Weimar, dabei war er selbst ein guter Zecher und gehörte oft zu den Herr'n dort an den Tischen. Wie ja wohl eine Männerrunde in ständig wiederkehrender Rede sich versichert, wäre es nicht so gesellig, so kämen sie überhaupt nicht ins Gasthaus.

Ja, die Geselligkeit. In dem oberbayerischen Dorf, in dem heute meine Tränke steht, schaute eines trüben Winternachmittags der Schorsch, ein Herrgottschnitzer, aus seiner Stube in den Nieselschnee, der auf den Vorhof des Gasthauses zur »Sonne« fiel. Und wie er so guckte, öffnete sich die Tür der »Sonne«, und es flogen ein Aschenbecher, mehrere Zigarettenstummel und eine noch in Brand befindliche Virginia heraus. »Nanu«, dachte der Schorsch, »da geht's ja heute schon früh zu«, und er schielte nach seinen Schuhen unter der Ofenbank. Dauert nicht lange, da geht die Tür wieder auf, und diesmal fliegt ein Kübel mit heißem Wasser und einem Putzlumpen heraus, der Besen hinterher. Jetzt beschließt der Schorsch, schon einmal die Schuhe anzuziehen, und noch während er die Bänder knüpft, geht die Tür zur »Sonne« ein drittes Mal auf, und diesmal fliegen heraus zwei Paar heiße Wiener Würstel mit Teller und Senf. So schnell ist der Schorsch noch nie in die Joppe gefahren und nichts wie hinüber in die »Sonne«.

Dort aber sitzen in der grabesstillen Gaststube nur der Scherer Max und der Spanner Hans, und sie haben gewettet, wie lange es wohl dauert, bis sie den Schorsch als dritten Mann zum Tarock herbringen.

Solche Männergeselligkeit gehört zu den Dingen, die Frauen nicht verstehen. Wir hatten im trauten Moers am Niederrhein die schöne Angewohnheit, am frühen Nachmittag unsere Redaktionsbotin, das Fräulein von Kempen, genannt »Kempi«, in die »Sozietät« zu entsenden, damit sie uns einen Krug des von uns bevorzugten »Kronen«-Biers hole. Dieser Krug war von Glas und demzufolge durchsichtig. »Kempi« ging das Bier holen, sechsmal, achtmal, da passierte es. Altersgenossen erspähten die vielleicht damals siebzehnjährige Bierbotin und hänselten sie. Heulend erschien sie mit der Weigerung, fernerhin Bier zu holen. Wir erstanden im Konsum einen Plastikbeutel und wickelten den Bierkrug in dicke Lagen der »Rheinischen Post«, die mit Text zu füllen unsere Aufgabe war. »Kempi« ging mit dem getarnten Bierkrug in die »Sozietät«, schlabberte auf dem Heimweg, die Zeitung näßte durch, und erneut war sie entlarvt. Durchdringend heulend, tat »Kempi« ihren letzten Biergang und versicherte nach Ablieferung der reduzierten Pracht, eher würde sie die feste Stellung drangeben, als weiter Bier zu holen. So wurden wir aus humanitären Gründen gezwungen, auf unseren redaktionellen Biernachmittag zu verzichten. Wir verlegten ihn deshalb praktischerweise direkt in die »Sozietät« und redigierten die Zeitung von dort aus. Dies wird von meinen damaligen Amtsbrüdern heute bestritten. Sie sitzen in hochrangigen Stellungen beim Burda-Verlag und bei der Deutschen Welle und leugnen ihre Biervergangenheit.

Ich nicht. Ich habe mich den Prüfern von Bamberg gestellt, und sie haben mir zertifiziert, was ich bin: ein geprüfter Bierer, wie man in Bayern sagt. Wir haben alle bestanden, sogar die weintrinkende Dame, aber wahrscheinlich nur, weil sie immer so nah neben dem schweigsamen Weisen saß, man könnte beinahe sagen, sie wich nicht mehr von seiner Seite. Dieser Mann hatte übrigens null Fehler, nichts Falsches, einfach Null. Wir anderen hatten allesamt Fehler und gestanden sie so überlegen ein, wie wir nur irgend konnten. Als getreuer Chronist und geprüfter Bierkopp muß ich freilich gestehen, daß ich heute, auf dem Gipfel meines Bierforschens, lediglich den Wissensstand jener drei Rentner erreicht habe, die im »Hofbräuhaus« das Münchner Bier einer wortkargen Würdigung unterziehen:

»'s Hofbräubier is guad«, schnauft der eine nach einem schönen Zug.

Der andere zieht noch, setzt ab, trocknet mit dem Wollärmel nach und versetzt: »'s Spatenbier is aba a guad.«

Der dritte schaut versonnen in sein Noagerl und sagt: »Viel Bier is guad.«

Zu diesem Thema hat Paul Scheerbarth ein ganzes Gedicht gemacht:

Ich war im Traume betrunken
und sah ein altes Kamel,
das war zu Boden gesunken –
es lachte – bei meiner Seel!

Und bald lag mein ganzes Genie
neben dem lachenden Vieh.

Stilleben einer Gastwirtschaft: Ruhe nach dem Ansturm unter Hopfengirlanden...

Der Himmel lachte über mir,
und ich trank noch immer für vier.

Mein Kamel kam nicht zu kurz dabei;
ich ließ es trinken fast für drei.
Dies war meine schönste Zecherei;
ich fühlte mich so groß und frei.

Ich trinke – bei meiner ewigen Seele! –
nur noch mit einem alten Kamele.
Mit Menschen trinken ist der größte Kohl –
Kamele nur verstehn den Alkohol.

Das Genie eines Paul Scheerbarth maße ich mir nicht an. Aber immer öfter finde ich auch mein Genie neben lachenden Viechern liegend vor. Natürlich werden mir Vorhaltungen gemacht.

Meine Frau sagt, ich äße zu wenig. Ich sage, das bißchen, das ich esse, trinke ich lieber.

Mein Arzt sagt, auf die Dauer nehmen das die Organe übel. Ich sage, am liebsten verfeinde ich mich mit meinen Nieren, die muß man in so einem Fall ohnehin ertränken.

Mein Bankier beguckt mit Röntgenaugen die auffälligen Bewegungen auf meinem Konto. Ich beruhige ihn in meiner rheinischen Art: »Mr kann suffe, wat mr will, mr kütt zu nix.«

Und mein stocknüchterner Nachbar, der immer in einer Emailleschüssel Regenwasser auffängt und den Dreck in der Luft mißt, macht auch schon Anspielungen. Dem sage ich: »Sie können froh sein, wenn Ihre Luft so sauber wäre wie mein Bier.«

Oft gedenke ich voller Rührung der gleichgesinnten Seelen vom Bamberger Bierseminar. Meine beiden Kampftrinker aus Berlin: Hier an dieser Stelle lasse ich sie hochleben und male mir aus, wie sie nach unserem Seminar endlich mal voll inne Kanne jestigen sind. Und meinem amerikanischen Freund, der zu Hause immer nur zwei Bier schafft, aber in Bamberg ten or more. Sei mir gegrüßt, Teuerster, mit einem herzlichen à votre St. Tee oder wie ihr amerikanischen Brüder das sagt. Und ein donnerndes Hummel-Hummel auch an meinen Gevatter Fietje in die Schtadt der Feffersäcke, und laß man den Wodka n büschen wech, denn die Trunksucht isn Laster. Ich kann da mitreden, denn ich trink' schon bannich lange, unich weiß, was da alles ent2gehn kann, deshalb nimm dichn8!

Nüchtern betrachtet: Was alles zu einem guten Bier gehört

Hopfen, Malz, Hefe und Wasser – allein diese vier Ingredienzien dürfen nach dem deutschen Reinheitsgebot in deutschem Bier enthalten sein. Und doch werden aus ihnen in Deutschland über 5.000 verschiedene Biermarken gebraut. Grund genug, einen Blick hinter die Kulisse zu werfen, zu beschreiben, wie aus den vier Grundstoffen ein wohlschmeckendes Bier entsteht und welche Bierarten und -sorten es gibt.

Friesisches Brauhaus
Friesisches Brauhaus

Brauer - bursche.

Nüchtern betrachtet: Was alles zu einem guten Bier gehört

allain Gersten / hopffen / und wasser / genomen

von Walter Mergarten

Will man von unserem Bier erzählen – wie es entsteht, was es an Grundstoffen braucht und wie es seine Qualität erreicht, so muß man wohl mit einer Verordnung beginnen, die schon Jahrhunderte zurückliegt und heute noch Gültigkeit besitzt.

»Allein Gerste, Hopfen und Wasser genommen«, verordnet die am 23. April 1516 von Bayern-Herzog Wilhelm IV. zu Ingolstadt erlassene Landesordnung. Erstmalig enthält diese landesherrliche Braugesetzgebung, die von der schon seit 1447 geltenden Münchner Regelung ausging, die Gültigkeit des Reinheitsgebotes für Bier in Gesamtbayern. Die Verordnung sollte die Qualität des Biers garantieren, denn der Gerstensaft war damals ein Hauptnahrungsmittel der Bevölkerung.

Diese älteste, noch heute in der Bundesrepublik gültige lebensmittelrechtliche Verordnung »Wie das pier summer und wintter auffm lannd sol geschennckt geprawen werden« manifestiert in ihrem Kern (übertragen in die Sprache unserer Zeit): »...Wir wollen auch, daß in unseren Städten und Märkten und auf dem Lande zu keinem Bier mehrere Stücke als allein Gerste, Hopfen und Wasser genommen und gebraucht werden. Wer aber diese unsere Ordnung wissentlich überfährt und nicht hält, dem soll von seiner Gerichtsobrigkeit dasselbe Faß Bier zur Strafe, so oft das geschieht, (weg-)genommen werden...«

Das zunächst nur für Bayern geltende Reinheitsgebot, dessen Einhaltung von offiziellen »Bier-Beschauern« laufend überwacht wurde, fand über die Jahrhunderte hinweg Aufnahme in ganz Deutschland und galt ab 1906 in allen Gebieten des Kaiserreiches.

Die Weimarer Republik übernahm das Reinheitsgebot im Biersteuergesetz sicherlich auch deshalb, weil der Freistaat Bayern 1918 erklärte, er werde nur dann der Republik beitreten, wenn das Reinheitsgebot im gesamten Reichsgebiet weiterhin gelte.

Auch in unserer Zeit bekennen sich die Brauer in Deutschland durch die ausschließliche Verwendung der natürlichen Rohstoffe Hopfen, Malz, Hefe und Wasser für die Herstellung ihrer Biere zum deutschen Reinheitsgebot. Dieses Gebot ist für sie nicht einfach Tradition, sondern auch eine eindeutige Qualitätsorientierung.

»Der Brauer-Bursche« – so heißt dieser Farbstich. Anzunehmen, daß sich dieser auf dem Weg zur Arbeit befand, denn viele Brauerburschen kamen ihrer Handwerkskunst außer Haus nach. In manchen deutschen Städten war das Braurecht auch an Bürger vergeben, die sich für den Sudtag den Brauexperten ins Haus holten.

Trotz ausschließlicher Verwendung der verordneten Rohstoffe blieb ein gutes Gelingen des Biers bis ins späte Mittelalter eigentlich dem Zufall überlassen. Der Gärungsprozeß wurde damals noch als mystischer Vorgang angesehen, weil die Wirkungsweise von Hefe für diesen Ablauf völlig unbekannt war, obwohl sie von den Bäckern seit jeher zum Brotbacken verwendet wurde. Damit gelang es in früheren Zeiten offensichtlich auf wundersame Weise vor allem den Bäckern, gutes Bier zu brauen – denn im Bereich ihrer Backstuben schwirrten unerkannt die Hefesporen durch den Raum und fanden ihren Weg auch in die Bierwürze, wo die Hefezellen für die Gärung sorgten. Die somit relativ gleichbleibend gute Qualität des Bäckerbiers war für die Obrigkeit sicherlich der maßgebliche Grund, dieser Zunft oft auch das Braurecht zu übertragen. »Heute back' ich, morgen brau' ich«, freut sich Rumpelstilzchen, offenbar ein Bäcker, auf das königliche Kind.

Doch Mitte des 16. Jahrhunderts wurde die Wirkungsweise der Hefe erkannt. So erklärt die 1551 in München erlassene städtische Brauordnung, daß der Gärungsprozeß kein zufälliger Vorgang sei, sondern gesteuert werden könne, indem »hepffen ... auch die untergier geben«, also Hefe die untergärige Brauart ermögliche. Durch diese Brautechnik erhoffte man sich eine bessere Vorratshaltung von Bier für die Sommerzeit, denn die bis dahin unwissentlich auf obergärige Art gebrauten Sude, bei denen die Gärung bei höheren Temperaturen erfolgte, konnten schneller verderben.

Eine echte Biernähe bekommt noch derjenige, der eine kleine Brauerei wie das Klosterbräu von Mallersdorf (oben) besichtigt. Eher wie Kathedralen der Braukunst sehen hingegen die modernen Sudhäuser mit ihren großen Kesseln aus (rechts).

DER HOPFEN – SEELE DES BIERS

Schon in frühen Jahrhunderten war der Hopfen als Heilpflanze bekannt. Dem Bier gibt er Aroma und Haltbarkeit. Nur die weiblichen Blütendolden sind für die Verarbeitung nutzbar. Die größten Hopfengärten befinden sich in der Hallertau bei Ingolstadt.

DIE HEFE – FÖRDERIN DES BIERS

Erst als ein Mann wie Louis Pasteur die Nutzbarkeit der Hefe entdeckte, konnte die Gärung des Biers so richtig bestimmt werden. Mit untergäriger Hefe dauert der Gärprozeß etwa acht Tage. Mit obergäriger Hefe geht es um zwei bis drei Tage schneller. Die Hefe wandelt den Malzzucker in Alkohol um.

DIE GERSTE – GRUNDLAGE DES BIERS

Die zweizeilige Sommergerste, die sich zum Brauen am besten eignet, hat einen hohen Stärkeanteil und nur einen geringen Eiweißgehalt. Früher waren fürs Brauen bei den Getreidearten genauso Hirse, Sorghum, Hafer oder Roggen wichtig. Heute spielen – mit ganz wenigen Ausnahmen – nur noch Gerste und Weizen (fürs Weißbier) eine Rolle.

DAS WASSER – LEBEN DES BIERS

»Schmeckt das Biere nun mal so, dann liegt's nur am H_2O.« Dieser Volksspruch aus dem letzten Jahrhundert übertreibt natürlich ein bißchen, aber das Brauwasser ist mitbestimmend für die Qualität des Biers. Noch in einigen Gegenden Deutschlands kann das Brauwasser direkt aus tiefen Brunnen entnommen werden.

5.000 Biere aus vier Substanzen

In den rund 1.300 deutschen Brauereien werden aus den lediglich vier Grundsubstanzen Malz, Hopfen, Hefe und Wasser über 5.000 Biere gebraut, von denen jedes seinen typischen Geschmack und seinen speziellen Genuß vermittelt. Das wird nur möglich, weil die Rohstoffe für das Geschmackserlebnis Bier nicht genormt sind. Vielmehr unterscheiden sich die Naturprodukte nach Witterung, Erntezeit, Anbauort, Aufzuchtpflege und all den Unwägbarkeiten, die der Natur zueigen sind. Doch die vertraute Sorte, die spezielle Marke des Brauhauses muß immer gelingen, muß immer munden, muß immer den Spaß beim Genuß vermitteln, den der Genießer von ihm erwartet. Immer, zu jedem Anlaß, zu allen Jahreszeiten.

Konsequenz in der individuellen Anmutung sowie gleichbleibende Qualität des jeweiligen Biers bedeuten für den Braumeister, die unterschiedlichen Rohstoffe so auszuwählen und zu behandeln, wie es ihm seine handwerkliche Kunst und die Erfahrung als Experte ermöglicht. Und damit kommen wir zu den Grundstoffen des Biers – den »Herzstücken«, wie es einmal der Dichter Theodor Fontane blumig formulierte.

Wo in Bayern das Bier gebraut wird, da ist auch die Kirche nicht sehr weit – wie hier bei der Mälzerei Inkofen. Drinnen türmt sich die Braugerste zu Gebirgen, draußen wacht der Kirchturm über das gute Gelingen.

Malz ist der Körper

Romantisch sehen sie aus, die gestapelten Malzsäcke (links). Doch das Hauptaugenmerk des Mälzers liegt beim Einweichen und Verarbeiten der Braugerste in riesigen Bottichen. Hier, in der Gerstendarre (rechts), wird das Getreide getrocknet.

Fundamentaler Grundstoff des Biers ist das Malz. Es ist gewissermaßen sein Körper, macht seinen Gehalt aus, ist die Kennmarke eines jeden Biers. Als helles Pils, dunkelbernsteinfarbenes Alt und goldgelbes Hell – oder wie sich die vielen Sorten aus den deutschen Brauhäusern sonst vorstellen.

Braumalz, wie es zur Bierherstellung in der Bundesrepublik verwendet wird, entsteht für die meisten Biersorten aus Gerste, aus hochwertiger, zweizeiliger Sommergerste. Diese Hordeum vulgare, deren Körner an den Ähren in zwei Zeilen stehen, eignet sich für das Mälzen und Brauen besonders gut, weil sie u.a. einen hohen Stärkeanteil, jedoch nur einen geringen Eiweißgehalt aufweist.

Lediglich für das süddeutsche Weizenbier sowie die Berliner Weiße wird neben Gerstenmalz ein Anteil von bis zu 70 Prozent Weizenmalz verwendet; für die wiederentdeckten Roggenbiere ist Roggenmalz eine der Grundsubstanzen.

Um das Getreide für den Brauvorgang aufzubereiten und seine natürlichen Vorzüge für das Bier zu erschließen, muß es so vorbereitet werden, daß sich bei der Gewinnung der Würze im Sudhaus die Bestandteile der Körner lösen können. Dabei verwandelt sich beispielsweise die Stärke in Zucker, der notwendig ist, um sich bei der anschließenden Gärung in Alkohol und Kohlendioxyd zu spalten, das umgangssprachlich meist als Kohlensäure bezeichnet wird.

Die Vorbereitung des Braugetreides für das Brauen erfolgt durch das Mälzen. In einigen Fällen ist die Mälzerei der Brauerei angeschlossen – äußerlich dann leicht zu erkennen an der eigenartigen Form der bauschigen Ablufthaube, von der die Silhouette eines Brauhauses überragt wird. Jeder Brauer lernt auch das Mälzerhandwerk – zumeist bezieht jedoch die Brauerei ihr Malz aus einer Mälzerei, in die der Brauer sein volles Vertrauen setzt. Denn das Malz bestimmt Aroma und Gehalt des Biers. Unwiderruflich.

Aus den verschiedenen Anbaugebieten bezieht die Mälzerei die Gerste, die gereinigt, vorsichtig von den langen Grannen befreit und nach bestimmten Rezepturen gemischt wird.

Jedes einzelne Korn enthält Kohlenhydrate, Proteine, Fette und Vitamine, fest umschlossen von der Spelze, der harten Hülle. Um die wertvollen Inhaltsstoffe behutsam aufzuschließen, wird die Gerste – ebenso der Weizen oder Roggen – einige Tage in Wasser eingeweicht, wobei die Körner keimen. Der junge Trieb nährt sich u.a. aus dem Eiweiß sowie der Stärke, kann jedoch die Stärke nicht direkt verwerten und bildet deshalb etliche Enzyme. Das sind Eiweißstoffe, die auf ganz bestimmte Leistungen abgestimmt sind und spezifisch wirken. Sie verwandeln zum Beispiel die Kohlenhydrate im Gerstenkorn zu Maltose – in Malzzucker, der vergoren werden kann. Außerdem wird Eiweiß zu wertvollen Aminosäuren umgebaut, die für den menschlichen Körper notwendig sind.

Um den Prozeß der Bildung von Enzymen zu verstärken, werden die feuchten Körner auf große Roste oder in Kästen ausgebreitet, wo sie als Grünmalz weiter keimen und die Triebe wachsen, bis der Mälzer mit seiner Erfahrung diesen Vorgang stoppt, indem er das Malz darrt, das heißt trocknet.

Dieses Darren, das Trocknen von Grünmalz zum Darrmalz, erfolgt in Silos mit Zwischenböden, durch die von unten heiße Luft geblasen wird. Wie Temperatur, Feuchtigkeit und Belüftung aufeinander abgestimmt sind und wie lange dieser Vorgang anhält, bestimmt der Mälzer, der damit auch die Farbe des künftigen Biers festlegt. Das Malz für helle Biere wird langsam steigend bei 50 bis 80 Grad Celsius, für dunkles bei gut 100 Grad Celsius gedarrt, wobei auch wichtige Aromastoffe entstehen. Das Malz schmeckt nun angenehm leicht süßlich, da die Enzyme bereits einen Teil der Stärke in Zucker verwandelt haben.

Das fertige Braumalz, das jetzt alles enthält, was später den Gehalt der Bierwürze ausmacht, kommt nun zum Brauer. Er benötigt für 100 Liter Bier je nach Biersorte um die 17 Kilogramm Malz.

Knapp zwei Millionen Tonnen Gerstenmalz und fast 90.000 Tonnen Weizenmalz, vorwiegend aus inländischer Produktion, brauchen die deutschen Brauer, um die gut 120 Millionen Hektoliter Bier herzustellen, die sie im Jahr verkaufen.

Hopfen, die Seele des Biers

Ist Malz der Körper des Biers, so ist Hopfen seine Seele. Und die ist feminin. So dienen denn auch ausschließlich die weiblichen Pflanzen mit ihren zapfenartigen Blüten der Bierherstellung. Männliche Hopfenpflanzen werden selbst in der näheren Umgebung der Hopfengärten – wie die teilweise sehr großen Anbauareale bezeichnet werden – mit Stumpf und Stiel ausgerottet.

Hopfen war als Gartenpflanze schon früh bekannt. Plinius der Ältere, römischer Offizier sowie Verfasser einer großen Naturgeschichte, erwähnte kurz vor seinem Ableben beim Vesuvausbruch des Jahres 79 n. Chr. den Hopfen, dessen junge Schößlinge wie Spargel geerntet und verzehrt wurden.

Anscheinend wuchsen die Hopfensprosse unter den Weiden so ungebärdet, wie der Wolf unter Schafen haust, so daß ihn die Römer Lupus Salictarius nannten, wovon sich die botanische Bezeichnung des Hopfen Humulus Lupulus ableitet.

Als Zugabe für die Bierbereitung wird Hopfen wohl zum ersten Mal von Hildegardis von Bingen, Äbtissin, Multitalent und politische Beraterin Kaiser Friedrichs I. Barbarossa, Mitte des 12. Jahrhunderts erwähnt. Sie erkannte bereits die beruhigende Wirkung der Kletterstaude und bemerkte, daß Getränke, denen die bitterstoffreichen Dolden zugesetzt waren, außergewöhnlich lange haltbar blieben.

Dennoch ist anzunehmen, daß die Verwendung von Hopfen für die Bierbereitung weitere Jahrhunderte dem Zufall überlassen blieb, seine Beimischung aber doch wirksam gewesen sein dürfte. Erst im späten Mittelalter wurde Hopfen als notwendiger Bestandteil für ein gutes Bier obligatorisch und schließlich im Ingolstädter Reinheitsgebot von 1516 offiziell angeordnet.

In unseren Tagen werden zum Bierbrauen jährlich weltweit etwa 2,4 Millionen Zentner Hopfen benötigt. Etwa 730.000 Zentner davon werden in der Bundesrepublik angebaut. Allein in der niederbayerischen Hallertau, dem größten geschlossenen Hopfenanbaugebiet der Erde, zwischen Ingolstadt und Landshut gelegen, kommt die jährliche Hopfenernte auf mehr als 550.000 Zentner. Auch im Gebiet um Tettnang, nordöstlich vom Bodensee, ebenso im Jura, Spalt und anderen Gebieten der Bundesrepublik wird gewerbsmäßig Hopfen angebaut.

Die Hallertau – das größte zusammenhängende Hopfenanbaugebiet der Welt. Von weltweit 2,4 Millionen Zentnern Hopfen werden hier alleine pro Jahr 550.000 Zentner geerntet. Wer jemals die Autobahn Nürnberg-München entlanggefahren ist, dem werden die markanten und bizarren »Skulpturen« der Hopfenstangen bei Ingolstadt aufgefallen sein. Sie sind Fixierungspunkt für die am schnellsten wachsende Pflanze überhaupt.

Der Hopfen gibt dem Bier sein würziges Aroma. Außerdem wirkt er eiweißfällend und trägt damit zur Haltbarkeit des Biers bei. Darüber hinaus ist die Hopfengabe zur Bierbereitung wichtig für dessen spätere Schaumstabilität, für die sahnesteife Haube im

Bierglas, die Genießer so sehr schätzen.

Wie seit Jahrhunderten wird Hopfen in Deutschland weiterhin in Hopfengärten angebaut, worum sich heutzutage die Mitarbeiter von rund 3.800 Betrieben kümmern. Mit der Züchtung weitestgehend resistenter Sorten konnten die Hopfenbauern in den letzten Jahren die Spritzungen für den Pflanzenschutz so weit reduzieren, daß sie der Forderung der Brauer nach schadstoffreiem Hopfen entsprechen.

In den Anbaugebieten fallen selbst Laien die Hopfengärten mit ihren sieben Meter hohen Stangen, die mit Spanndrähten verbunden sind und als Rankgerüst für die Hopfenstauden dienen, als unübliche Agrarkultur besonders auf. Innerhalb weniger Monate klimmen die weiblichen Hopfenranken an ihren Leitdrähten empor und bringen entsprechend der Witterung sowie ihrer sorgfältigen Pflege und biologischen Regulation eine große Zahl der wertvollen Blütendolden hervor.

Diese Zapfen bestehen aus überlappenden Brakteolen. Am Fuß eines jeden dieser Blätter sitzt der Samen, der die klebrigen gelben Lupulinkörner trägt. Diese Drüsen benötigt der Brauer, weil sie die Harze und Hopfenöle bergen, die Aroma und Bitterstoffe geben.

Bis in die Mitte unseres Jahrhunderts wurden die Zapfen einzeln mit der Hand von den ebenfalls manuell geschnittenen Hopfenranken gezupft. Zur herbstlichen Erntezeit strömten Tausende aus den kargen ländlichen Regionen in die doch recht wohlhabenden Anbaugebiete zum Hopfenzupfen. Kost und Logis für Frauen und Männer eingeschlossen. Dabei war das Essen deftig, die Unterkunft bestand in der Zuteilung einer Wolldecke sowie der Anweisung einer Schlafstatt in den umliegenden Scheunen – nach Reihen getrennt für weibliche und männliche Tagelöhner. Bei solchen Möglichkeiten wurde offensichtlich auch für den Fortbestand der Hopfenzupfer gesorgt.

In unseren Tagen gibt es keine Hopfenzupfer mehr. Die Hopfenranken werden mittels einer am Traktor befestigten Spezialeinrichtung zusammen mit ihrem Leitdraht abgeschnitten und auf einen Hänger gelegt, der zur Hopfenzupfmaschine fährt. Dort werden die Dolden von den Stielen säuberlich getrennt, die Ranken feingehäckselt und der zerschnittene Draht

Vorbei sind die Zeiten, da der Hopfen noch mit der Hand gepflückt wurde. Die personalintensive Ernte wurde abgelöst von der Hopfenpflückmaschine, die von nur einer Person bedient werden kann.
Zapfenförmig sind die Hopfenblüten (unten), die nur von weiblichen Pflanzen fürs Bier verwendet werden können. Die männlichen Hopfenpflanzen werden vom Bauer entfernt.

magnetisch ausgeschieden. Der Hopfen wird meistens nur noch von ein oder zwei Personen geerntet. Die Romantik ist vorbei – aber auch die wochenlange Plackerei der Hopfenzupfer.

Sofort nach der Ernte wird der Hopfen beim Hopfenbauern selbst oder vom Hopfenhändler gedarrt, also getrocknet.

Die Hopfenhändler, große, umsatzstarke Unternehmer, von denen einige den weltbegehrten deutschen Hopfen auch nach Übersee exportieren, verkaufen ihre Ware zu festen, ausgehandelten Preisen als Hopfenzapfen an die Brauerei. Die meisten Brauereien sind aber wegen der besseren Logistik, einfacheren Lagerung und exakteren Portionierung dazu übergegangen, von den Händlern den Hopfen in Form von Pellets, kleinen Kügelchen, zu beziehen. Dafür werden die Dolden mit dem wertvollen Lupulin gefriergetrocknet, zu Pulver zermahlen und dann in Tablettenform gepreßt. Andere Brauer bevorzugen dickflüssigen Hopfenextrakt. Beide Verfahren sind sehr schonend und erhalten die natürlichen Bestandteile des Hopfens auf konzentrierte Art.

Klares Wasser für reinen Genuss

Bier besteht zu mehr als 80 Prozent aus Wasser. Die Verbindung der beiden chemischen Elemente Wasserstoff und Sauerstoff ist zwar eine der Grundlagen des Lebens für Flora und Fauna, in ihrer Sterilität aber weder geeignet zum Trinken noch zum Brauen von Bier. Die chemische Verbindung H_2O braucht ihre Beimengungen, Spuren von Mineralien, von Kationen und Anionen, den positiv oder negativ geladenen chemischen Bestandteilen, die den Gaumen zwar nicht elektrisieren, die Geschmacksnerven aber stimulieren.

So ist nicht jedes Wasser gleich. Es schmeckt immer anders, je nachdem von welcher Quelle es kommt. Der Anteil und die Relation der naturgegebenen chemischen Verbindungen zueinander sind bestimmend für den Geschmack des Wassers und für seinen Härtegrad. Je weniger Kalk im Wasser, um so weicher ist es, um so weniger Kesselstein bildet sich, und um so schneller werden im Haushalt beim Kochen die Erbsen gar. Und weiches Wasser eignet sich besonders gut zum Brauen von hellem Bier, vor allem der Pilsener Brauart. Deshalb schmeckt denn naturgegeben ein Pils aus dem Vogtland anders als aus Ostfriesland, ein mit relativ hartem Wasser gebrautes Export, das in München gesotten wurde, hat einen anderen Geschmack als das aus Dortmund.

Doch die verschiedenen Mineraliengehalte des Wassers beeinflussen nicht nur den Geschmack des Biers, sondern auch den Brauvorgang. Wenn das Wasser zu »sauer« ist – was man beim Trinken gar nicht bemerkt – würde der pH-Wert beim Gärprozeß beispielsweise die Enzyme beim Abbau der Stärke beeinflussen.

So gibt es viele weitere Faktoren, die der Braumeister auch beim Wasser beachten muß, damit er die optimale Qualität seines Biers stets erreicht. Grundsätzlich ist in der Bundesrepublik jedes Wasser zum Bierbrauen geeignet, das aus den kommunalen Wasserwerken in die Wasserleitung fließt. Die offizielle Trinkwasserverordnung und deren stete Überwachung garantieren für Reinheit und gesundheitliche Unbedenklichkeit des Wassers. Und etliche Brauereien verwenden auch das Wasser aus den örtlichen Wasserwerken für ihre Biere, wenn seine chemischen Eigenschaften hierfür geeignet sind. Andere bereiten dieses Trinkwasser entsprechend auf.

Die meisten Brauereien in Deutschland haben jedoch eine eigene Wasserversorgung durch Tiefbrunnen oder spezielle Quellen, aus denen biologisch reines Wasser gefördert wird, das sich besonders gut für das jeweilige Bier eignet. Durch die meist kostenintensive Förderung des Brauwassers aus Tiefen, die oft bei 150 oder 200 Metern liegen, ist eine Verunreinigung durch Nitrate, die vorwiegend durch landwirtschaftliche Überdüngung in höhere Grundwasserschichten eindringen können, praktisch ausgeschlossen.

Hinzu kommt, daß Wasser aus den tiefen geologischen Schichten eine nahezu stets gleichbleibende Qualität durch die Konstanz seiner Umgebung hat.

Selbstverständlich wird das Brauwasser auch von den staatlichen Behörden ständig kontrolliert, wobei vor allem sein Gehalt an Schwermetallen, wie Kadmium und Blei, untersucht wird. Beanstandungen sind selten, denn der Braumeister stellt an die Qualität seines Brauwassers höhere Anforderungen als der Gesetzgeber an Trinkwasser.

Grundsätzlich unterliegt Brauwasser den gleichen strengen Bestimmungen wie das Trinkwasser. Es darf ihm der Eisengehalt entzogen werden, außerdem kann es entkeimt und enthärtet, gefiltert oder gekocht werden. Chemische Zusätze sind grundsätzlich verboten und würden auch dem deutschen Reinheitsgebot widersprechen.

Ein Bild von heute – auch wenn es aus einem anderen Jahrhundert zu stammen scheint: Im Spreewald wird auch heute das Bier noch in Kähnen über den Fluß gestakst.

Ein selten gewordenes Handwerk – die Böttcherei, wie sie hier noch in der Brauerei Reutberg existiert. Vorsichtig werden die Fässer mit Pech ausgefüllt.

Längst haben Flaschen und Metallfässer (»Kegs« genannt) dem Holzfaß den Rang abgelaufen. Den Arbeitsgang, mit Stahlklemmen das Holz in die rechte Form zu biegen, bekommt man nicht mehr oft zu sehen.

Die Starken und die Schwachen

Die 5.000 verschiedenen Biere, die in Deutschland gebraut werden, unterscheiden sich nach Bierarten: ob sie mit obergäriger oder untergäriger Hefe gebraut sind. Obergärig wie das mittlerweile bundesweit beliebte süddeutsche Weizenbier, die noch nicht so bekannten Roggen- und Dinkelbiere, das rheinische Alt, Kölsch aus Köln, die Berliner Weiße und der alkoholfreie Malztrunk. Oder untergärig wie das von den meisten Biertrinkern bevorzugte Pils, das Export, die Märzenbiere und das wiedererstandene Lagerbier. Nicht zu vergessen die vielen anderen Bierspezialitäten wie Rauchbier, Steinbier, Zwickel-, Keller- oder Drybier.

Die Biergattung ist ein weiteres Unterscheidungsmerkmal. Zum einen ist es eine Deklaration, die jeder Biergenießer nach etlichen Zügen aus dem Glase selbst bemerkt, da hiermit die Starken und die Schwachen, nämlich die alkoholhaltigeren und die alkoholärmeren Biere, unterschieden werden. Zum anderen ist es aber eine fiskalische Einteilung: Seit dem 1. Januar 1993 richtet sich die von den Brauereien zu zahlende Biersteuer – 1992 waren das immerhin 1,6 Milliarden Mark – nach der Stammwürze. »Schuld« daran ist eine Harmonisierung der Biersteuer auf europäischer Ebene. Dabei wurde das Bier nach »Grad Plato« eingeteilt, was dem bekannten Begriff der Stammwürze entspricht.

Was Stammwürze ist, und daß sie nicht mit dem Alkoholgehalt des Biers verwechselt werden darf, kann man auf der nächsten Seite nachlesen.

Der Zielort vieler Spreewald-Touristen: das »Wotschofska«, wo schon der Dichter Theodor Fontane seinen Spreehecht bei einem guten Bier verzehrt hat.

Alkoholgehalt und Stammwürze

Stammwürze und Alkoholgehalt von Bier werden immer wieder verwechselt. Anscheinend ist es die Bestimmungsweise in Prozenten, die so manchen Laien beide Werte durcheinanderwerfen läßt. Mit Stammwürzegehalt wird der Prozentanteil von gelösten Stoffen vor der Gärung im Sud bezeichnet. Im wesentlichen sind dies Malzzucker, Eiweißstoffe, Vitamine und Aromastoffe.

Etwa ein Drittel der Stammwürze, die bei einem klassischen Vollbier meist um die 12 Prozent beträgt, wird durch die Gärung in Alkohol umgewandelt. Das wären im Falle des Vollbiers, wie beispielsweise einem Pils, 4 Prozent.

Diese Umrechnung wäre richtig, würde es sich, wie früher bei der Alkoholbestimmung, um Gewichtsprozente handeln. Nach den heute geltenden Gesetzen des Gemeinsamen Marktes muß jedoch der Alkoholgehalt von Getränken in Volumenprozenten angegeben werden. Wegen des anderen spezifischen Gewichts von Alkohol und Wasser erhöht sich die Dichtezahl um etwa ein Viertel. Demnach wird ein klassisches Pils nicht mit 4 Gewichtsprozenten Alkohol deklariert, sondern hat durch die europäisch verschriebene Angabe der Dichte rund ein Viertel mehr, also etwa 5 Volumenprozent Alkohol.

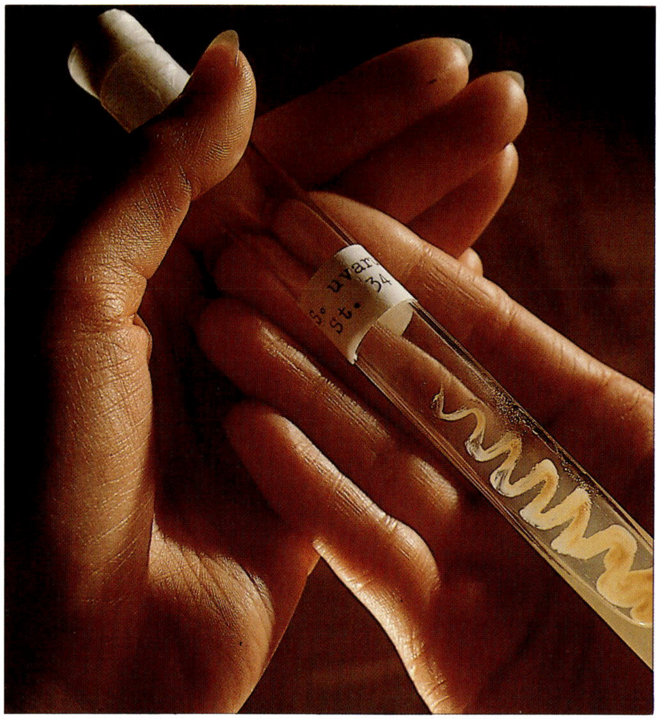

Eine unabdingbare Voraussetzung zum Gelingen des Biers ist die Qualität der Hefe. Große Brauereien züchten sich ihren eigenen Hefestamm meist selbst.

So ist denn auch die Bierverordnung vom 2. Juli 1990 weiterhin gültig. Danach ist u.a. die Kenntlichmachung einiger Biergattungen aus lebensmittelrechtlicher Sicht zu beachten. Zum Beispiel darf Bier mit einem Stammwürzegehalt von mindestens 7, aber weniger als 11 Prozent nur unter der Bezeichnung »Schankbier« gewerbsmäßig in den Verkehr gebracht werden.

Und weiter heißt es: »Bier darf unter der Bezeichnung Starkbier, Bockbier oder einer sonstigen Bezeichnung, die den Anschein erweckt, als ob das Bier besonders stark eingebraut sei, gewerbsmäßig nur in den Verkehr gebracht werden, wenn der Stammwürzegehalt 16 Prozent oder mehr beträgt.«

Falsch ist übrigens die Behauptung vieler Bierfreunde, das norddeutsche Bier sei stärker als das in Süddeutschland gebraute – oder umgekehrt.

Sicherlich gibt es geringe Unterschiede in den Alkoholprozenten zwischen den Sorten und auch den verschiedenen Marken, diese beziehen sich aber zumeist auf die Stellen hinter dem Komma. So sind

beispielsweise viele der bayerischen Weizenbiere etwas stärker eingebraut und erreichen 5,2 oder 5,3 Vol.% Alkohol, während zum Beispiel ein Alt vom Niederrhein oder aus Düsseldorf mit seinem Alkoholgehalt meist bei 4,8 oder 4,9 Vol.% liegt. Diese minimalen Unterschiede können aber in der Bemessung der Alkoholstärke zumindest vom normalen Biertrinker nicht wahrgenommen werden.

Ein ewiger Kreislauf von ratternden, scheppernden Flaschen: In der Reinigungsmaschine werden die Flaschen, aufgereiht wie Zinnsoldaten, im gründlichen Verfahren auf Hochglanz gebracht, bevor sie wieder mit Bier abgefüllt und zum Verbraucher verschickt werden.

Theoretisch ist der Brauvorgang relativ einfach: Durch Hinzufügung von Hefe zu Hopfen, Malz und Wasser setzt die Gärung dieser natürlichen Rohstoffe ein, die exakt gesteuert und zum rechten Zeitpunkt beendet wird.

In der Praxis hingegen ist das Brauen von Bier eine hohe Kunst, die sowohl handwerkliches Geschick als auch wissenschaftliche Kenntnisse fordert. Wenn auch in den modernen Brauereien diffizile technische Einrichtungen dem Menschen die Möglichkeit geben, den Produktionsablauf präzise zu steuern und damit den natürlichen Brauvorgang zu unterstützen, sind dennoch individuelle Erfahrung, optimales Können sowie bestimmende Sensorik für den Brauer unerläßlich und fordern den Meister seines Faches.

In den charakteristischen Kupferkesseln der traditionellen Brauerei, die heute sehr oft gut sichtbar hinter Glasfronten des Sudhauses stehen, aber auch in Großgefäßen aus Edelstahl wird aus Wasser, Malzschrot und Hopfen die Bierwürze gewonnen, der noch Hopfen zugegeben wird.

Im Sudhaus, gewissermaßen dem Herz der Brauerei, wird als erster Vorgang zur Bierherstellung im Maischbottich das geschrotete Malz mit Wasser gemischt und auf verschiedene Temperaturstufen erhitzt. Dabei verflüssigen sich die sonst schwerlös-

Klar und übersichtlich sind die Apparaturen in einer hochmodernen Brauerei, selten ist noch alles Kupfer, was hier so glänzt. Die meisten Bottiche und Pfannen sind längst aus Edelstahl. Dennoch bleibt genug für's Auge, wie diese Hähne (großes Bild), aus denen der Brauer seine Proben entnimmt. Die Sudkessel werden während des Brauvorgangs nur zu Prüfzwecken geöffnet (kleines Bild).

lichen Bestandteile des Malzschrotes. Die Enzyme, deren Wirkungsweise durch das Darren des Malzes zunächst unterbrochen war, werden wieder aktiv. Durch das Mälzen und Maischen werden die unlöslichen Bestandteile des Kornes freigelegt und von den Enzymen in vergärbare Substanzen umgewandelt.

Hierauf wird die Maische in den Läuterbottich gepumpt, der einem Riesensieb ähnelt. Darin werden die löslichen von den unlöslichen Bestandteilen getrennt, wobei sich die unlöslichen Partikel, die Treber, auf dem Boden des Läuterbottichs absetzen und somit einen natürlichen Filter bilden, durch den die Würze läuft und sich dabei klärt. Der Braumeister kann von außen diesen Durchfluß verfolgen und feststellen, ob die Würze schön blank abläuft, ob sie gut geklärt oder, etwas altertümlich ausgedrückt, wohl geläutert ist, woher der Läuterbottich seine Bezeichnung hat.

Die ausgewaschenen Treber haben für die Bierbereitung ihre Aufgaben erfüllt, enthalten jedoch immer noch so viele wertvolle natürliche Rohstoffe, daß sie als nährstoffreiches Viehfutter in der Landwirtschaft sehr begehrt sind.

Vom Läuterbottich läuft die klare Bierwürze in die Sudpfanne, wo sie unter Beigabe von Hopfen gekocht wird. Je mehr Hopfen der Braumeister zufügt, um so herber ist ihr Geschmack. So ist vor allem Pils relativ stark gehopft. Der Sud des malziger schmeckenden Hellen aus München bekommt etwas weniger Hopfen.

Durch die Verdampfung des Wassers beim Kochen erhält der Sud in etwa 90 Minuten die gewünschte Konzentration; der Stammwürzegehalt, das sind vor allem die Anteile von Malzzucker und Eiweißstoffen, wird festgelegt. Damit der Stammwürzegehalt auch wirklich stimmt, wird er vom Braumeister mit der Würzespindel laufend kontrolliert.

Durch das Kochen wird der Sud nicht nur völlig keimfrei, vielmehr werden auch die Aromen und Inhaltsstoffe des Hopfens aufgeschlossen und Eiweißstoffe, die der Haltbarkeit sowie dem Geschmack des Biers abträglich wären, ausgeschieden.

Anschließend wird die Würze durch den Hopfenseiher geleitet, der wie ein übergroßes Sieb den ausgekochten Hopfen zurückhält.

Die Bierwürze muß vor der Gärung jedoch noch geklärt und gekühlt werden. Zunächst scheiden sich im Whirlpool, einem stehenden, zylindrischen Tank, die Trübstoffe aus. Die jetzt fertige, aber noch heiße Bierwürze wird im Würzekühler – ohne mit der Luft in Berührung zu kommen – auf Kellertemperatur abgekühlt, wobei meist das Wärmetauschverfahren angewandt und die überschüssige Hochtemperatur als Energieträger andernorts wieder sinnvoll verwendet wird.

Die gekühlte Würze fließt in die Gärbehälter, ehemals offene Holzzuber, später ausgekleidete Wannen und heute meist geschlossene Edelstahlbehälter, um das Bier in einem luftabgeschlossenen und fremdbakterienfreien System zu brauen.

Jetzt wird die Hefe sorgsam dosiert zugeführt. Sie wurde in Reinkulturen aus einer einzigen Zelle gezüchtet, damit sämtliche Hefezellen, die auch den Geschmack des Biers beeinflussen, absolut identische Eigenschaften haben.

Mit untergäriger Hefe dauert die Gärung bei einer Temperatur zwischen 4 und 10 Grad Celsius etwa acht Tage. Nach den ersten 24 Stunden bildet sich an der Oberfläche eine dicke Schaumschicht, die Kräusen.

Dabei läuft recht stürmisch ein biologischer Prozeß ab, bei dem die Hefe den Malzzucker auf natürliche Art in Alkohol und Kohlendioxyd umwandelt. Es ist dies die biereigene Kohlensäure, die später in Form kleiner Bläschen im Bierglas nach oben blubbert und für ein gutes Bier so wichtig ist. Sie sorgt für die Rezenz, die spritzige Frische, und den feinporigen, steifen Schaum, der ein gut eingeschenktes Bier krönt.

Durch die Umwandlung in Alkohol wird der Extrakt langsam abgebaut. So kann der Braumeister

Das Malz – die Grundlage eines guten Biers. Säckeweise wird das geschrotete Malz in den Maischbottich gefüllt, der erste Vorgang des Brauprozesses. Jede Brauerei läßt sich ihr besonderes Malz zusammenstellen – nur noch selten aber in brauereieigenen Mälzereien.

WIENER

Hoch ragen die Brautürme auf im neuen Sudhaus der Andechser Brauerei, gekachelte Sauberkeit und ein Computer-Stand, der präzise alle Brauvorgänge begleitet. Nur noch ein kleines Detail zeigt auf, daß es sich hierbei um eine Klosterbrauerei handelt: das Kreuz über der hochtechnologischen Leitstelle.

ständig kontrollieren, wie weit der Brauprozeß fortgeschritten ist.

Am Ende der Gärung setzt sich die untergärige Hefe am Boden des Gärbottichs ab, was ihr auch den Namen gibt.

Bei obergäriger Hefe verläuft der Brauprozeß nahezu auf die gleiche Weise. Sie vergärt jedoch die Würze schon innerhalb von vier bis sechs Tagen bei Temperaturen zwischen 15 und 19 Grad Celsius.

Nach der Gärung steigt die obergärige Hefe an die Oberfläche – deshalb auch ihre Bezeichnung – und wird von dort abgeschöpft, um nach ihrer Rekultivierung noch einige Male verwendet zu werden.

Einer der wesentlichen Vorgänge beim Bierbrauen ist sicherlich die Vergärung. Während dieser Phase wird die Stammwürze zu jeweils etwa einem Drittel in Alkohol sowie in Kohlensäure umgewandelt, ein weiteres Drittel verbleibt als Restextrakt im Bier.

Auch wenn heutzutage das Bierbrauen von Computern gelenkt und geleitet wird – der Braumeister bestimmt durch seine Festlegungen den Verlauf des Suds. Ständige Kontrollen sind nötig, um die gewünschte Qualität des Biers zu erhalten. Oder wie ein norddeutsches Brauer-Sprichwort sagt: »Beug dich ein Stück – das Bier gibt's dir zurück«.

Mit dem Ende der Gärung ist das Jungbier fertig. Ein Genuß ist es jedoch noch nicht. Seine volle Reife erhält das Bier erst durch die Nachgärung während der Lagerzeit. Dabei reichert sich das Jungbier auf natürliche Weise mit Kohlensäure an und reift bis zur geschmacklichen Vollendung, die vom Braumeister bestimmt wird.

Damit während der Lagerzeit, die in deutschen Brauereien zum Erreichen der optimalen Produktqualität mehrere Wochen beträgt, die Kohlensäure im Bier gebunden bleibt und nicht entweichen kann, erfolgt die Nachgärung unter Druck. Mit dem Spundungsapparat als Druckventil wird der Lagertank verschlossen und die richtige Druckhöhe eingestellt. Wenn sie bei der Nachgärung überschritten wird, kann überschüssige Kohlensäure entweichen. Regelmäßig entnimmt der Braumeister Proben seiner Schöpfung, um die Gärung und Reifung zu überwachen. Nach etlichen

Wochen – je nach Sorte, Marke sowie der Unternehmensphilosophie – schmeckt das Bier so, wie es der Genießer wünscht. Damit das Bier aber auch einen guten optischen Eindruck abgeben kann, durchläuft es einen Filter, der alle noch verbliebenen Trübungspartikel, vor allem der Hefe, ausscheidet und das Bier klärt.

Hefetrübe Biere, wie das sich zunehmender Beliebtheit erfreuende Weizenbier mit seinen trübenden Hefepartikeln, durchlaufen selbstverständlich andere Filterprozesse als die begehrten durchsichtig klaren Biere. Um deren absolute optische Klarheit festzustellen, entnimmt der Brauer hinter der Kieselgur-Filteranlage laufend Proben in einem Schauglas und prüft vor einer Lichtquelle oder mit einem Trübungsmeßgerät, ob das Bier auch wirklich kristallklar ist. Nicht wenigen Braumeistern dient auch noch im Zeitalter der Laserstrahlen eine Kerzenflamme als unbestechliches Indiz für die natürliche Vollkommenheit seines Biers.

Nach Freigabe durch den Braumeister kann das Bier in Flaschen oder Fässer abgefüllt werden.

Einige Wochen sind seit Ansetzen der Maische vergangen. Wissen, Können und Engagement des Brauers sowie seiner Mitarbeiter waren erforderlich, um aus Malz, Hopfen, Hefe und Wasser das Bier zu bereiten, wie es dem Genießer schmeckt. Individuell nach Art, Gattung und Sorte, wie der Konsument es von seiner Marke erwartet.

Seltsame Flaschen? Sicher – dennoch handelt es sich hier um Bierflaschen. Allerdings keine, die man im Handel bekommt. In diesen Flaschen mit Bügelverschluß werden Proben vom Bier ins Labor gebracht – ständiger Test der Bierqualität. Und besondere Sicherheit für den Braumeister, daß ihm sein Handwerk gut geraten ist. Die großen Brauereien schicken Bierproben in Abständen auch an die größte deutsche Brau-Universität in Weihenstephan in Freising bei München.

Alkoholfreies Bier, das Ende der 70er Jahre in der Bundesrepublik auf den Markt kam und von dem bereits mehrere Millionen Hektoliter gebraut wurden, wird genauso gebraut wie das klassische Bier.

Allerdings unterscheiden sich die Herstellungsarten der alkoholfreien Biere, von denen es in Deutschland gegenwärtig fast 80 verschiedene Marken mit unterschiedlichen Geschmacksrichtungen gibt, in der Anwendung der physikalischen und biologischen Methoden zur Minimierung des Alkohols.

Bei den Brauereien, die zur Alkoholreduktion ihrer Biere den physikalischen Weg einschlagen, wird der Alkohol anschließend an die Nachgärung des Vollbiers entzogen, wofür sowohl die Vakuumdestillation als auch die Umkehr-Osmose oder die Dialyse angewandt werden können.

Einige dieser Vorgänge, die ohne jegliche chemische Hilfsmittel auf natürliche Weise ablaufen, sollen zur besseren Verständlichkeit vereinfacht dargestellt werden. So wird bei der Vakuumdestillation der bei der Gärung entstandene Alkohol verdampft. Für diese

Destillation genügt eine Temperatur von lediglich 35 Grad Celsius, da der Siedepunkt des Biers durch Unterdruck herabgesetzt wird.

Bei der Umkehr-Osmose sowie bei der Dialyse werden die Alkoholmoleküle mit Hilfe von halbdurchlässigen (semipermeablen) Membranen vom Bier getrennt.

Die meisten alkoholfreien Biere enstehen jedoch auf biologischem Weg, indem die Gärung mit dem sogenannten Kälte-Kontakt-Verfahren unterdrückt wird. Hierbei wird von einem Stammwürzegehalt ausgegangen, der etwa 8 Prozent beträgt, wobei jedoch die Hefe nur so lange wirken darf, bis ein Alkoholgehalt von etwas weniger als 0,5 Vol.% erreicht ist.

Damit bekommen auch die alkoholfreien Biere das Hefearoma und bei einem halben Prozent noch gerade soviel Restalkohol, daß dieser als wichtiger Aromaträger den Biergeschmack prägen kann. Andererseits hat ein Alkoholgehalt von 0,5 Vol.% im Bier keinen feststellbaren Einfluß auf alkoholempfindliche Menschen wie Kinder oder Kranke und liegt ebenso niedrig wie der Alkoholgehalt vieler Fruchtsäfte oder Backwaren und Saucen.

Die leichten Biere, von denen es in der Bundesrepublik fast 300 verschiedene Marken gibt, werden ähnlich hergestellt. Bei diesem Biersegment gehen die meisten Brauer von einer Stammwürze aus, die im Bereich des Schankbiers liegt. Daraus resultiert auch ihr Alkoholgehalt, der um mindestens ein Drittel niedriger ist als der Alkoholgehalt der klassischen Vollbiere – und demnach je nach Marke bei 3 Vol.% oder knapp darüber liegt.

Leichtbier enthält auch mindestens 40 Prozent weniger Kalorien als ein vergleichbares herkömmliches Bier und hat demnach bei den meisten Marken um die 270 kcal pro Liter, was dem Brennwert von Magermilch entspricht.

Wenn auch die meisten Prozeßabläufe, ob für alkoholfreie Biere oder Leichtbiere, Vollbier oder Bock, in modernen Brauereien meist mit Hilfe von Computern gesteuert und in der Meßwarte von geschulten Mitarbeitern laufend überwacht werden, so ist dennoch das handwerkliche Können des Braumeisters für den gesamten Brauvorgang unerläßlich. Die Technik kann in der Brauerei den Menschen mit seinem Verstand und Gefühl wohl unterstützen, aber nicht ersetzen.

Bier is g'sund – solang man's net sauft«, konstatiert Schwester Doris, Braumeisterin im Kloster der Armen Franziskanerinnen zu Mallersdorf in Niederbayern. Damit definiert die resolute Chefin einer der letzten sechs deutschen Klosterbrauereien, die noch von klerikalen Orden betrieben werden, in der ihr eigenen altbayerischen Art den Unterschied zwischen Genuß und Übermaß.

Und Bier in Maßen genossen ist gesund. Sein günstiger Einfluß auf die menschliche Gesundheit ist wissenschaftlich belegt.

Aber auch beim Bierkonsum bestimmt das richtige Maß den positiven Gesundheitsaspekt ebenso wie bei allen Ingredienzien, die der Mensch zu sich nimmt. So erkannte Philippus Aurolus Theophrastus von Hohenheim, besser bekannt als Paracelsus, zu Beginn des 16. Jahrhunderts – es war um die Zeit der Verkündung des Reinheitsgebotes für Bier –, daß erst die jeweilige Dosis eine Substanz zum Gift machen könne.

Bier, gewonnen aus natürlichen Rohstoffen, die mit der Summe ihrer positiven Eigenschaften erhalten bleiben, enthält nahezu alle für den menschlichen Körper erforderlichen Nährstoffe. Es ist ernährungsphysiologisch ausgewogen, da es neben dem Alkohol gleichzeitig Kohlenhydrate, Aminosäuren, Mineralstoffe, Vitamine, organische Säuren, phenolische Verbindungen und Hopfenbitterstoffe enthält. Ihre Wirkungsweise wird in der Naturheilkunde schon seit Jahrtausenden angewandt.

Ein Braukessel mitten in einer Gastwirtschaft – die Lokal-Brauereien gewinnen immer mehr an Beliebtheit, wie hier das »Alt-Heidelberger Brauhaus« des Herrn Vetter. Hier wird in kleinen Einheiten ein gutes Bier gebraut, das selten außerhalb der Gaststuben getrunken wird.

19

Krog

Biersorten: Vielfalt an Geschmack

von Achim Becker

Bier ist ein Name für viele Getränke. Die groben Unterscheidungen klingen, zugegeben, sehr prosaisch: Ob es mit ober- oder untergärigen Hefen vergoren wurde, lautet die erste Frage; wieviel Alkohol es enthält, die zweite. Beide sind schnell beantwortet, und nun erst beginnt es, spannend zu werden: wenn man sich das Vergnügen macht zu kosten, welche Vielfalt an Geschmack sich aus den vier Zutaten Malz, Wasser, Hopfen und Hefe ergeben kann. Bier ist ein Naturprodukt. Jeder einzelne Rohstoff variiert von Region zu Region. In der fränkischen Schweiz ist das Wasser hart, im Sauerland weich. In der Hallertau gedeiht der Hopfen anders als im Elbe-Saale-Gebiet. Die Ernten der Braugerste fallen immer wieder unterschiedlich aus, ebenso die Hefekulturen. Ziel eines Brauers ist, seinem Bier den stets gleichen Geschmack zu geben.

Aus dem Klima, aus der Geschichte haben sich in Deutschland verschiedene Biersorten entwickelt. Und jedes kennt wiederum verschiedene Nuancen, je nachdem, wo es gebraut wird. Wer die Sorten kennt, wird in der Kneipe niemals mehr schlicht »ein Bier« bestellen. Daß wir hier bei rund 5.000 verschiedenen Biersorten in Deutschland keinen vollständigen Überblick geben können, versteht sich von selbst. Dennoch sollten Sie von den wichtigsten Biersorten schon ein wenig mehr wissen.

Gut behütet genießen Berliner Damen an einem heißen Sommertag ihre Weiße – natürlich mit dem obligaten Schuß Himbeersirup beziehungsweise Waldmeisterextrakt.

Alkoholfreies Bier

Es sieht aus wie Bier, es schmeckt wie Bier, und auch das Reinheitsgebot wird peinlich genau eingehalten – der einzige Unterschied: Alkoholfreies Bier enthält höchstens 0,5 Vol.% Alkohol, also weniger, als in manchen Fruchtsäften enthalten ist. Autofahrer können alkoholfreies Bier ohne Bedenken trinken, aber auch Sportler schätzen es wegen seiner isotonischen Wirkung. Passionierte Pils-, Weizen-, Kölsch- oder Alt-Trinker können inzwischen ihr Lieblingsbier auch in einer alkoholfreien Version genießen.

Voraussetzung für den Erfolg des alkoholfreien Biers war neben dem Wandel des Verbraucherbewußtseins die Technik. In den achtziger Jahren gelang es, Verfahren zu entwickeln, die Alkohol verzichtbar machen, ohne den Geschmack wesentlich zu beeinflussen.

Alt

Das flüssige Brot der Menschen am Niederrhein. Düsseldorfer Bäcker waren der Überlieferung nach die ersten Brauer in der einstigen Residenzstadt am Rhein, denn sie kannten sich gut mit Hefe aus, der Substanz, die zu ihrem alltäglichen Handwerk gehört. Sie brauten damals wie überall in Deutschland ein obergäriges Bier. Erst ab Mitte des 19. Jahrhunderts setzten sich die untergärigen Biere durch. Verbesserte Kühlmöglichkeiten machten das möglich. Denn untergärige Hefen brauchen niedrige Temperaturen für ihr Gärwerk, zwischen vier und neun Grad Celsius. Alle Welt, voran die Münchner und die Dortmunder, stürzten sich auf das »neue« Bier. In Düsseldorf und am Niederrhein aber blieb man dem »alten« treu. Man tut es bis heute, wenn auch nicht so ausschließlich wie früher.

Altbier kann je nach Braurezept sehr verschiedene Geschmacksnuancen entwickeln, von hopfenbitter bis malzig süß. Meist wird dunkles Braumalz verwendet, aus dem die kupferne bis braune Farbe resultiert.

Altbier wird auch anderswo in Deutschland gebraut. Bei den Rheinländern aber hat es seine angestammte Heimat. Vielen Altbiertrinkern schmeckt es am besten, wenn es aus dem Stichfaß auf dem Tresen gezapft wird. Diese Fässer kommen meist als handliche 20-Liter-Gebinde direkt aus dem kühlen Bierkeller auf den Tresen und werden dort mit dem schweren Zapfhahn aus Messing angeschlagen. In den meisten Gaststätten und Restaurants wird Alt in zylindrischen 0,2-Liter-Altbiergläsern oder -bechern gezapft.

Ganz Genießer sind die Bayern beim Josefi-Anstich in Reutberg. Im Bajuwaren-Lande gibt es ganz besondere Feiertage: diejenigen, an denen ein spezielles Bier gebraut wird.

Bock

Bayrische Spezialität mit norddeutschem Namen. Er entspringt der Geographie, nicht der Zoologie – Bier aus Einbeck war ursprünglich gemeint. Zu Zeiten der

Kontrast aus dem Norden: In Hannover ist die »Lüttje Lage« Brauch: ein Schnaps und ein Bier aus einer Hand getrunken – hier zeigt sich der wahre »Meister«.

Hanse war die Stadt im südlichen Niedersachsen die Biermetropole Europas – weil dort der Sud nur mit Hopfen gewürzt wurde (und nicht, wie seinerzeit üblich, mit allen möglichen Kräutern) und weil, das war entscheidend, das Bier sehr stark eingebraut wurde. Der höhere Alkoholgehalt machte es haltbarer als die Konkurrenz, es konnte über die holprigen Landstraßen gekarrt werden, ohne daß es sauer wurde. So machte auch der Münchner Hof Bekanntschaft mit dem »einpöckischen Bier«. Gesellschaftlicher Anlaß war die Hochzeit eines braunschweigischen Herzogs mit einer bayerischen Adelstochter. Im Einbecker Gefolge war ein Braumeister, der den Münchnern Nachhilfe gab. War's so? Die Bayern wollen es bis heute nicht recht glauben.

Heute werden vorzugsweise in Bayern und Franken starke Biere der Bockklasse gebraut. Neben der untergärigen Art wird auch das obergärige Weizen in hochprozentigen Versionen hergestellt. Bockbier muß 16 Prozent Stammwürze haben, ab 18 Prozent nennt es der Gesetzgeber Doppelbock. Vor Erfindung der Kältemaschine im Jahre 1877 wurden die Starkbiere im März gebraut. Mit ihnen sollten die Durstigen über den warmen Sommer kommen.

Braunbier

So gut wie ausgestorben. Obergäriges Bier mit schwachem Hopfen-, Alkohol- und Kohlensäuregehalt. Harte Männer schmähten es als Dünn- oder Ammenbier. Noch in den fünfziger Jahren fuhren Händler durch die Straßen, und Hausfrauen holten sich in Kannen und Eimern ihren Vorrat, den sie selbst in Flaschen abfüllten.

Ein anderer Stoff ist das Braunbier, das die Bayreuther Familienbrauerei Schinner seit den siebziger Jahren produziert. Ein hopfenstarkes, bittersüßes, fast schwarzes Gebräu nach alter Art. Gut möglich, daß Jean Paul ein Glas solchen Bieres vor sich hatte, als er beschloß: »Nur dies ist meiner Gesundheit zuträglich, und da diese mir zu meiner Arbeit unentbehrlich ist, bleibe ich in Bayreuth.«

Eisbock

Ein Zufallsprodukt, das eigentlich nur der Faulheit eines Brauereiarbeiters zu verdanken ist. Wenn wir der Legende glauben, die die Kulmbacher Reichelbräu zum besten gibt: An einem gar kalten Winterabend hatte ein Arbeiter keine Lust mehr, einige Fässer Bockbier vom Hof in den Keller zu rollen. Über Nacht gefror der Inhalt. Erst gab's Krach, dann aber stellte man fest, daß sich im Inneren der Eisklötze ein wohlschmeckender Bockbierextrakt gebildet hatte. Und seit der Jahrhundertwende bereichert der Kulmbacher »Eisbock Bayrisch G'frorns« die Sortenpalette. Mit 24 Prozent Stammwürze ein starker Doppelbock.

Export

Vor dem Sieg des Pils die beliebteste Sorte in Nord- und Westdeutschland: ein untergäriges Bier mit malzigem Charakter. Seine Erfolgsgeschichte begann Mitte des 19. Jahrhunderts in Dortmund. Die dortigen Brauer übernahmen, weil es der technische Fortschritt erlaubte, aus Bayern die untergärige Braumethode und trafen mit ihrer etwas stärker gehopften, helleren Version den Geschmack der Zeit. Weil die Technik das Bier auch haltbarer machte, mußte es nicht mehr schnell im Umkreis des Schornsteins verkauft werden. Der »Export« in weiter entfernte Gegenden nahm seinen Lauf. Bis zum Beginn der siebziger Jahre dieses Jahrhunderts war Export die Nummer eins an Deutschlands Theken. Dann wurde es vom herberen, leichteren Pils verdrängt.

Kölsch

Nur Brauereien in den Kölner Stadtgrenzen und einige in der Umgebung, die schon immer Kölsch brauten, dürfen Kölsch erzeugen. So bestimmt es die Kölsch-Konvention, die vom Kartellamt akzeptiert wurde. Offiziell beschrieben wird es als »helles, hochvergorenes, hopfenbetontes, blankes, obergäriges Vollbier, das einen frischen, hefearomatischen Geschmack hat, den Stoffwechsel anregt und auch in größeren Mengen ausgesprochen bekömmlich ist«. Sein Kohlensäuregehalt ist eher gering. Fürs Kölsch wurde deshalb ein eigenes Glas entwickelt, die 0,2-Liter-Stange. In Kölner Kneipen muß der Kellner (hier Köbes gerufen) öfter laufen als anderswo. Er trägt die Stangen auf dem Kranz, einem runden Tablett mit Stielgriff in der Mitte. Die Zehn- und Zwanzig-Liter-Fäßchen für den Heimkonsum heißen Pittermännchen.

Kräusen / Zwickelbier

Kräusen bezeichnet den Schaum, der sich nach dem Hefezusatz an der Oberfläche des Sudes bildet. Kräusenbier ist ein unfiltriertes, also durch Hefepartikel getrübtes Bier. Haake-Beck in Bremen hat diese alte Spezialität 1985 als Faßbier

Ohne Zweifel das meistgetrunkene deutsche Bier: das Pils. Seit den siebziger Jahren hat es einen starken Marktzuwachs.

Das Kölsch, das nur in wenigen Brauereien in Köln hergestellt werden darf, ist auf »alte Art«, das heißt obergärig gebraut. Dabei ist das Kölsch heller und herber als andere obergärige Biere. Der Köbes bringt die Stangen auf dem Kranz an den Tisch.

wiederbelebt. Für die gleichmäßige Verteilung der Hefe sorgt eine Metallstange im Faß, deren Rotation durch einen äußeren motorgetriebenen Magneten bewirkt wird. Diese Technik ist patentrechtlich geschützt. Vor dieser Erfindung mußte das Faß regelmäßig mit Manneskraft gerüttelt werden. Das Ergebnis der Bemühungen hat schwache Kohlensäure und ein säurebetontes Aroma.

Lager

Historisch betrachtet keine Sorte. Vor der Erfindung der Kühlmaschine 1877 bezeichnete der Begriff alle untergärigen Biere, die gelagert werden konnten und mußten – im Unterschied zu den leichter verderblichen obergärigen Bieren. Diese Biere wurden stärker gehopft und stärker eingebraut, damit sie in kühlen Kellern die heißen Sommer überdauern konnten. Das Wort ist heute noch in Franken gebräuchlich und meint die kräftigen Biere vieler Dorfbrauer ohne oder mit geringem Kohlensäureanteil. Es wird nicht filtriert, bietet also eine große Fülle der Aromen. Das trübe Kellerbier des St. Georgen Bräu im oberfränkischen Buttenheim beispielsweise überrascht mit einem Anflug von Muskat. Aber nur, wenn es ganz frisch ist; nach einigen Wochen verflüchtigt sich dieses Aroma. Solche Biere sollte man sich nicht liefern lassen, man muß sich zu ihnen begeben.

Märzen

Im Märzen der Brauer den Biervorrat ansetzt. So war es in alter Zeit. Bevor im 19. Jahrhundert Eiskeller für Kühlung sorgten und schließlich 1877 die Kühlmaschine patentiert wurde, war es für den Brauer ein großes Problem, das Bier in den heißen Sommermonaten zu lagern. Auch gebraut werden durfte damals nur von September bis März. Im frühen Frühjahr also wurde das Bier stärker eingebraut. Es gibt zwar, je nach Malzart, dunkle und helle Typen, aber ein typisches Märzen hat eine Bernsteinfarbe. Im Geschmack überwiegt der Malzton. In München wurden die Reste des Sommervorrates zu Beginn der neuen Brausaison konsumiert, etwa beim Oktoberfest. Heute wird Märzen das ganze Jahr über angeboten. Und obwohl man auf dem Oktoberfest längst jede Bierart ausschenken könnte, ist das Märzen der traditionelle Festbiertyp geblieben. In Österreich hat Märzen einen hohen Marktanteil. Ansonsten ist es weitgehend unbekannt.

Münchner

Stammvater der modernen untergärigen Sorten. Ein historischer Begriff, so unscharf wie »Helles« oder »Dunkles«, die beide Münchner Kinder sind. Früher bezeichnete er den malzbetonten, dunklen Biertyp und unterschied diesen vom hopfenbetonten Dortmunder. In München wurde in der ersten Hälfte des 19. Jahrhunderts Biergeschichte gemacht. Neue Techniken führten zur besseren Beherrschung des untergärigen Brauprozesses, die damalige Vorherrschaft der obergärigen Biere wurde gebrochen. Untergäriges Bier wurde transportfähig, das Know-how wurde in aller Welt übernommen. Münchner bzw. bayerisches Bier wurden zum Synonym für gutes Bier schlechthin.

Pils

Das Wort ist die Kurzform für die auf Pilsener Art gebrauten Biere. 60 Prozent des heute in Deutschland getrunkenen Biers hört auf den Namen Pils. Der Charakter des Biers wird – entsprechend dem deutschen

Beim Einschenken von Weißbier zeigt sich der Meister: Um nicht nur Schaum im Glas zu haben, muß das Glas so schräg wie möglich gehalten und das Bier langsam eingeschenkt werden. Wichtig beim Hefe-Weißbier: Der Hefesatz am Flaschenboden gehört mit ins Glas!

Reinheitsgebot – von den Zutaten bestimmt: Wasser, Malz, Hopfen und Hefe. Auch im böhmischen Pilsen wurde mit weichem Wasser, hellem Malz, aromastarkem Hopfen und untergäriger Hefe ein helles, herbes, spritziges Bier gebraut. Das erste Pils in Pilsen wurde 1842 mit maßgeblicher Assistenz des bayerischen Braumeisters Josef Groll aus Vilshofen kreiert. Nach den Tschechen kamen die übrigen Bürger des Habsburger-Reiches auf den neuen Geschmack, im notorisch auf Neues versessenen Berlin wurden vor der Jahrhundertwende die ersten Pils gezischt. Die großen Brauereien nahmen die Innovation in ihr Sortiment auf. Pils etablierte sich, blieb aber vorerst eine Spezialität für Trendsetter. Das änderte sich in diesem Jahrhundert. Im Sauerland, in Westfalen und dann in Nord- und Ostdeutschland erhöhte sich Zug um Zug der Pilsanteil.

Den Durchbruch aber schaffte der helle, herbe Typ erst in den sechziger und siebziger Jahren. Die Biere wurden mit Zutaten bester Qualität gebraut, die Technologie, die Risiken bei der Herstellung minderte, wurde mit hohem Kostenaufwand verfeinert und stets auf neuesten Stand gebracht. Braumeister sind heute auch Chefs komplizierter Labore. Der Brauprozeß wird vom Computer gesteuert. Die Premium-Pilsener der ersten Stunde sind inzwischen Markenartikel.

Aber Pils ist nicht gleich Pils. In Norddeutschland werden zum Beispiel eher bittere, hopfenaromatische Typen gebraut, während die sauerländischen weicher und heller sind.

Rauch

Für diesen Typ wird das Malz aus der Gerste über offenem Holzfeuer geräuchert. Der dabei entstehende Rauch gibt dem dunklen Gebräu seinen markanten Geschmack. Zentrum des Rauchbiers ist das oberfränkische Bamberg. Der Lokalmatador dort ist die Brauerei Schlenkerla. Der ungewöhnliche Name, so versichern die Brauherren, beschreibt nicht die Wirkung des kräftigen Trankes, sondern einen ihrer Ahnen, der »a wengla mit seina Orm gschlenkert hot«. Das »Aecht Schlenkerla Rauchbier« kann man inzwischen sogar in Hamburg kaufen. Am besten aber schmeckt es am Ort, im Ausschank der Brauerei unter jahrhundertealten Holzbalken. Als feste Grundlage für den flüssigen Genuß dient die Bamberger Zwiebel, mit Hackfleisch gefüllt.

Schwarzbier

Untergäriges Bier, das seine Farbe dunklem Malz verdankt. Die längste Tradition als Schwarzbierspezialist hat die Köstritzer Brauerei in Thüringen. Der ausgepichte Bierkenner Bismarck hat das Köstritzer sehr geschätzt. Es ist ein erstaunlich herbes, erfrischendes, schaumstarkes Bier, gut am Sommernachmittag im schattigen Biergarten zu trinken. Anderes Bier von sehr dunkler Farbe wird in Kulmbach gebraut, das Schwarzbier von Mönchshof, eine Pilsvariante.

Weiße

Berlin-brandenburgischer Durstlöscher. Relativ leichtes, obergäriges Bier, hefetrüb, mit säuerlichem Aroma, das aus der Zugabe von Milchsäurebakterien bei der Gärung resultiert. Die Weiße ist in Berlin schon lange kein »Nationalgetränk« mehr, die Berliner sind die deutschen Meister im Pilskonsum. Aber an einem heißen Sommertag in einem Ausflugslokal an der Havel schlägt sie jedes andere Bier. Kenner trinken sie pur, ohne den obligaten Schuß von Himbeersirup oder Waldmeisterextrakt. Füher wurde auch gerne noch ein Kümmel-Schnaps hinzugegeben; was die Alt-Berliner »Weiße mit Strippe« nannten.

Weizen

Das Sommerbier aus Südbayern. Die Verwendung von Weizenmalz neben der sonst üblichen Gerste gibt ihm den Namen. Als noch vorwiegend obergärig gebraut wurde, war Weizen- oder Weißbier das meistgetrunkene Bier in Bayern. Zudem war es eine hochpolitische Angelegenheit: Die bayerischen Herrscher monopolisierten die Herstellung. Als sich im 19. Jahrhundert die untergärige Brauweise durchsetzte, ging es mit dem Weizen bergab. Um die Jahrhundertwende tendierte der Absatz gen Null. Nur einer braute tapfer gegen den Trend, Georg Schneider in München. Seine Nachfahren tun es noch heute. Das Brauhaus steht mittlerweile in Kelheim, im Münchner »Weißen Brauhaus« wird nur noch ausgeschenkt. Die Schneiders sind längst nicht mehr die einzigen Weizenspezialisten. Seit rund zwanzig Jahren steigt die Nachfrage immens. Besonders im Sommer, denn der hohe Kohlensäureanteil macht das Weizen zum idealen Durstlöscher. Weizen wird gefiltert als kristallklar angeboten oder als hefetrüb, wenn Hefepartikel im Bier belassen wurden. Die trübe Version ist etwas säuerlicher und besitzt mehr Aromastoffe.

Ums Weizenbier ranken sich einige unausrottbare Irrtümer. Es gilt als leicht, aber sein Alkoholgehalt ist etwas höher als beim Pils. Das Faßbier gilt als frischer, aber viele Weizenbiere gären in der Flasche nach. Weizen vom Faß wurde erst durch aufwendige Technologie möglich. Sie wird nur praktiziert, um der Verbrauchermeinung entgegenzukommen.

Altbierkneipen-Atmosphäre am Niederrhein. Der Köbes – wie in Düsseldorf der Ober genannt wird – jongliert elegant sein Tablett mit dem frischen Nachschub, wie hier im Düsseldorfer »Uerige«, der Kneipe mit den schönsten Wandsprüchen (links). Traditionsgaststätten halten auf Atmospäre – und dazu gehört eine Kulisse, die das rasante Leben unseres Alltags ein wenig vergessen macht (rechts).

Einbecker
Brauherren
Brauherren-
Schänke

Romantische Verklärung der Hopfenzupferarb

lorierter Holzstich um 1881, nachempfunden der Originalzeichnung von Oscar Gräf (Deutsches Hopfenmuseum Wolnzach).

Der xlvj bruder der do starb hieß
Herttel Wyeprew.

Vom babylonischen Brotteig bis zum bayerischen Reinheitsgebot

Von Hannes Burger

Auch wenn viele der bierliebenden und auch erfolgreich bierbrauenden Völkerstämme das natürlich selbst kaum glauben können, sie alle haben das Bier nicht erfunden: weder die Bayern noch die Böhmen, weder Wikinger noch Westfalen, auch nicht die Belgier, Dänen, Engländer oder Iren, ja nicht einmal die sonst so findigen »höheren« Sachsen im Osten oder deren »niedere« Verwandte im Westen Deutschlands.

Wer das Bier wirklich erfunden hat, weiß niemand ganz genau. Dies gehört mit zu dem wenigen, was das Bier – außer dem Alkoholgehalt und der Antriebskraft zur Geselligkeit – mit dem Wein gemeinsam hat. Das bekannte Wiener Heurigenlied »I hab de scheena Maderl net erfunden, der guate Wein is aa net mei Patent« könnte jederzeit auf das Bier umgeschrieben und dann auch in den Bier-Hochburgen gesungen werden.

Patente rund ums Bier gibt es zwar genug – von der Herstellungstechnik bis zur Verbesserung der Qualität. Aber was einen im Lexikon namentlich zu rühmenden Erfinder angeht, da ist leider Hopfen und Malz verloren. Keine Urkunde, kein Denkmal und auch kein Lexikon hilft uns da weiter. Und – was das Traurigste daran ist: ein guter Termin weniger für ein schönes Bierfest.

Sicher ist damit nämlich nur, daß das Bier keine Erfindung war, die der göttlichen Eingebung eines antiken Grüblers zu verdanken wäre – vergleichbar etwa dem berühmten »Heureka – ich habs gefunden!« des griechischen Physikers Archimedes bei der Entdeckung des spezifischen Gewichtes. Schon gar nicht geht das Bier auf systematische Forschung früher Wissenschaftler, kräuterkundiger Apotheker oder geheimniskrämerischer Alchimisten zurück. Weit eher verdanken wir den alkoholhaltigen Gerstensaft dem bekannten Entdecker »Reiner Zufall«, dem die Menschheit ja auch sonst so viel zu verdanken hat – von der Entdeckung Amerikas bis zur Erfindung der Münchner Weißwurst.

In der Schule hätten wir im Falle einer solchen Frage natürlich spontan darauf getippt: »Dann müssen es eben die Griechen oder die Römer gewesen sein!« Aber auch das wäre falsch. Diese zwei für das Abendland bedeutendsten Nationen am Mittelmeer haben zwar das Bier durchaus gekannt und auch gebraut. Aber sie waren aus klimatischen und geographischen Gründen doch überwiegend weinbauende und wein-

Bierbrauer über offenem Feuer unter dem Zeichen des Brauer-Hexagramms. Viele Brauer trugen die Kutte des Klosterbruders.

trinkende Völker – wie ihre Nachkommen bis heute. Außerdem haben die Griechen und Römer – wie nach ihnen auch die Germanen – damals noch eine Art von Bier gebraut, die schon längst erfunden war, bevor sie sich nacheinander in die für abendländische Schulbücher gültige Weltgeschichte eingemischt haben.

Schon zu Beginn der biblisch überlieferten Zeiten – also etwa bis 4.000 Jahre v. Chr. zurück, wie Archäologen aus Funden ihrer Ausgrabungen schließen können – war das Bier in seiner Urform erfunden und ein allseits bekanntes Getränk. Rund 3.000 v. Chr. heißt es nämlich bereits im Gilgamesch-Epos aufmunternd: »Iß das Brot, das gehört zum Leben, trink das Bier, wie's Brauch ist im Lande!« Und wenn es damals im Lande Babylonien schon der Brauch war, eine Urmaß zu stemmen, um das trockene Fladenbrot aus dem »Steinbackofen« der offenen Feuerstellen hinunterzuspülen, dann muß das noch primitive Bierbrauen doch schon eine ganze Weile vorher erfunden und weiterentwickelt worden sein.

Zahlreiche Bierforscher und Bierchronisten haben die Geschichte der mutmaßlichen Entstehung dieses Getränkes schon oft phantasievoll nachempfunden und so weitererzählt, als ob sie wirklich wahr wäre. Wirklich archäologisch bewiesen, und zwar durch Ausgrabungen im ehemaligen Babylonien ebenso wie – mit ein paar lächerlichen tausend Jahren Differenz – auch in Nordbayern, ist jedoch nur eine Tatsache: Bereits in der Jungsteinzeit (Neolithikum) muß es eine im Prinzip unserem Bier vergleichbare Plempe aus vergorenem Getreide gegeben haben, weil nämlich in Funden alter Scherben von Tonkrügen auch Reste von Maische identifiziert wurden. Folglich müssen die Menschen der jüngeren Steinzeit, die ja noch nicht ahnen konnten, daß sie wissenschaftlich »Neolithiker« heißen, schon aus vergorenem wilden Urgetreide eine Art Urbier gebraut haben. Ausgeschenkt und getrunken haben die Steinzeitmenschen es allerdings damals noch nicht aus großen Hektoliter-Fässern, sondern eben nur aus »Neolither-Krügen«. Diese guten Krüge aus der Steinzeit heißen bei uns heute kurz »Steingutkrüge« oder – nach einem bekannten Fundort bei München – auch »Keferloher«.

»Vermutlich ist Bier durch Zufall beim Brotbacken entdeckt worden«, schreiben zum Thema »Erfinder« • die englischen Autoren Dave Laing und John Hendra in ihrer Brauanleitung »Beer and Brewing«, und zwar »als Getreide oder Brot feucht wurden und zu gären begannen«. Die Grundsubstanz des Biers war die Urgerste – eine der ältesten Getreidesorten überhaupt. Deshalb ist die Annahme wohl auch logisch, daß dann die zufällige Entdeckung des Biers eben in die jüngere Steinzeit fallen dürfte, in der die Menschen in verschiedenen Teilen der Welt – zeitlich etwas versetzt – quasi beruflich umzusatteln begannen: Mit geographisch und klimatisch bedingten zeitlichen Abständen zwischen dem warmen Mittelmeerraum und dem kalten Nordeuropa wurden sie nach und nach von herumziehenden Jägern und Sammlern zu seßhaften Ackerbauern. Von da an haben die Menschen jene besonderen Gräser, deren wilde Samen ihnen bereits als eßbar bekannt waren, systematisch und in größerer Menge angebaut, die Körner zermahlen, mit Wasser

Bierbrauer im alten Ägypten – immer auch ein wichtiges Thema für die Künstler. Akribisch beschreiben sie den Vorgang – und selbst ein eigenes Zeichen gab es für das Brauen im Hieroglyphen-Schatz.

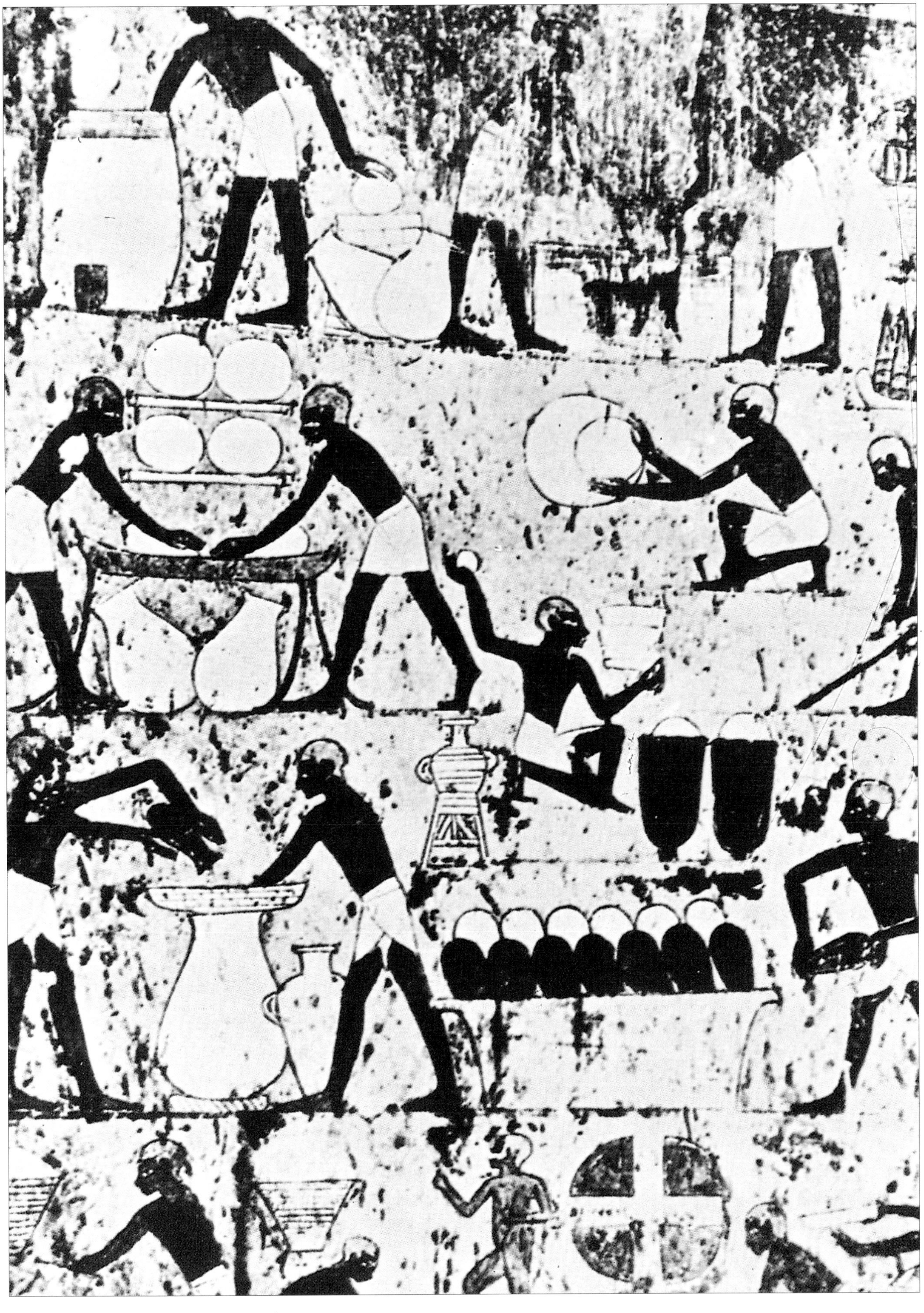

zu einem Teig vermischt und diesen auf heißen Steinen zu brotartigen Fladen gebacken. Vor dem Bier also war das Brot erfunden, vor dem Brauer kam der Bäcker. Aber – wer hat denn diese Arbeiten am häuslichen Feuerstein gemacht? Also, genauer gesagt, muß es wohl heißen: zuerst war die Bäckerin da, dann die Bierbrauerin.

Vom Entdecker Zufall geht auch Otto Ernst Breibeck aus, der Autor der 1978 erschienenen Bierhistorie »Das fünfte Element der Bayern«. Doch auch er nimmt an, daß dieser Zufall aller Wahrscheinlichkeit nach eine Frau war. Das kann man dem gewissenhaften Oberpfälzer Breibeck auch durchaus glauben, weil er zwar kein Historiker, sondern eigentlich Polizist war und somit wohl, mit kriminalistischer Spürnase begabt, die Indizien für die Entdeckung des Biers bis in die Steinzeit zurückverfolgt hat. Außerdem schildert er alle Details so genau, als habe er damals noch selbst die betreffende brotbackende Steinzeitfrau durch den Zaun beobachtet, wie sie jeweils den Brei aus zerriebenen Getreidekörnern auf die heißen Steine der offenen Feuerstelle gegossen hat.

»Einmal aber«, so kombiniert er dann, »wird sich noch ein Rest dieses Fladenbrotteiges in einem Tongefäß befunden haben, und als sparsame Hausfrau goß sie den übriggebliebenen Teig nicht weg, sondern stellte ihn beiseite und hob ihn auf. Tage vergingen, und inzwischen hatte es wohl auch stark geregnet. Da kam der Steinzeitfrau der Tonkrug wieder zu Gesicht. Mag sein Inhalt, eine dunkle klebrige Brühe, zu der der Mehlbrei durch den inzwischen niedergegangenen

Das Bierbrauen – festgehalten in Schriften aller Zeiten: im Gilgamesch-Epos (oben), in dem schon empfohlen wurde: »Trink Bier, wie's Brauch ist im Lande!« Und auch dargestellt auf dem Gemarkstein aus Mesopotamien.

Die babylonischen Biertrinker. Auffallend: Sie geniessen den Gerstensaft mit langen Halmen. Ein Brauch, den man heute nicht unbedingt empfehlen kann.

Regen geworden war, auch nicht gerade einen angenehmen Duft verbreitet haben, der Schluck, den sie dann trotzdem nahm, schmeckte jedenfalls köstlich erfrischend. Und gleich ihr mag es dann wohl dem Steinzeitmann recht sonderbar zumute gewesen sein, nachdem er ebenfalls, und sicher noch kräftiger, dem herb-bitteren, aber doch süffigen Getränk zugesprochen hatte. Was beide nicht wissen konnten, war passiert: Es hatte eine alkoholische Gärung stattgefunden, und der entstandene Alkohol hatte die beiden gleichsam in den ›Siebenten Himmel‹ versetzt.«

Und wenn sie an diesem – wahrscheinlich schauderhaften – Gesöff nicht gestorben sind, möchte man hinzufügen, dann trinken sie heute noch. Diese Geschichte stimmt im Prinzip wahrscheinlich auch – jedenfalls bis dahin, wo der vollgeregnete Tonkrug mit dem restlichen, inzwischen vergorenen Brotteig vor der Höhle steht. Mag also gut sein, daß eine Frau der erste unfreiwillige Bierbrauer war. Aber daß sie das trübe Zeug auch noch selbst getrunken haben soll, das kann man sich doch kaum vorstellen – auch wenn man natürlich nichts Genaues weiß von den Geruchs- und Geschmacksvorlieben von Steinzeitfrauen. Viel wahrscheinlicher als diese Theorie – und künftige Forscher werden das bestimmt noch mit ernsten Diplomarbeiten erhärten – ist meine Variante:

Der Steinzeitmann der brotbackenden Steinzeitfrau war nach einem weiten Jagdausflug bei dem langen Regen in einer fremden Höhle bei einer anderen Steinzeitfrau untergeschlüpft und hatte diese mit seinen brotlosen Liebeskünsten vom Brotbacken abgehalten. Aber dann wurde er von deren später hungrig heimkehrendem Steinzeitmann erwischt, kräftig mit dem Steinzeitbeil verprügelt und dann kilometerweit über Stock und Stein nach Hause gejagt. Erschöpft, erhitzt und verletzt, halb verblutet und verdurstet sah er schon von weitem den Tonkrug vor der eigenen Höhle stehen.

Er stürzte lechzend auf das vermeintliche Regenwasser zu und soff gierig in einem Zug den ganzen steinernen Neolither aus – bis zum sauren Teig hinunter. Er spürte dann schon bald, wie der Schmerz nachließ und ihn auf dem Steinzeit-Kanapee eine wohlige Müdigkeit überkam. Und danach kam der wilde Kerl nicht nur schnell wieder zu den von seiner Frau erwünschten Kräften, sondern war auch so zahm und zärtlich wie nie zuvor. Darum ließ die um seine neuen erotischen Erfahrungen reicher gewordene eifersüchtige Steinzeitfrau auch Gnade vor Nudelholz ergehen, denn plötzlich wußte sie, um wieviel besser man einen Mann halten kann, wenn immer genug von diesem Bierteig im Hause ist.

Vielleicht war ja auch alles noch ganz anders, wer weiß. Vor allem dürfte bei aller dichterischen Freiheit wohl keine Rede von einem »herb-bitteren«, sondern weit eher von einem süßlich-süffigen Getränk gewesen sein, weil bis vor gut 500 Jahren noch kein Hopfen zum Würzen des Biers verwendet wurde. Von Ägypten zum Beispiel ist überliefert, daß das Bier unter anderem mit Alraun gewürzt wurde. Außerdem spricht dafür die überlieferte Tatsache, daß in Babylonien wie später in Ägypten auch die Frauen gerne selbst Bier getrunken haben und es nicht nur für die Männer zubereiteten.

Ganz abgesehen davon dürften jedoch an diesem durch Zufall entdeckten Urrezept fürs Bier wohl noch starke Verbesserungen – vom Mälzen und Maischen bis zum Kochen – vorgenommen worden sein, ehe das häusliche Bierbrauen ins allgemeine Kochbuch der Frauen in der frühen Menschheit aufgenommen worden war und sich die ersten Bierräusche der Männer von Höhle zu Höhle und danach von Hütte zu Hütte fortpflanzten. Aber daran, daß die ersten Braumeister Frauen waren, gibt es bei den Bierforschern keine Zweifel mehr.

Auf jeden Fall gab es für die Ausbreitung des Biers in allen zum Getreidebau geeigneten Gegenden kein Halten mehr. Noch dazu, wo man im alten Babel – in etwa dem Gebiet des heutigen Irak – das trübe Bier auch noch mit Saugröhrchen von oben aus dem Krug schlürfte, wahrscheinlich weil es dort noch am klarsten war. Vom Biertrinken mit dem Strohhalm wird heute aus gutem Grund dringend abgeraten, aber damals mag die so erhöhte Rauschwirkung eher noch erwünscht gewesen sein. Ungefähr aus dem Jahre 3.400 v. Chr. stammen die ersten babylonischen Scherben, auf denen stille Zecher offenbar Bier gemeinschaftlich aus dem gleichen Krug saugten. Es wurde also bereits damals gern in geselliger Runde getrunken. Jedenfalls wissen aber auch Dave Laing und John Hendra aus diesem fruchtbaren Land, wo nach biblischer Verheißung eigentlich »Milch und Honig fließen« hätten sollen, aufgrund archäologischer Untersuchungen die erstaunliche Erkenntnis zu berichten, daß dort offenbar vorwiegend Bier geflossen ist: Angeblich wurden bereits im Jahre 3.000 v. Chr. »mindestens 40 Prozent der Gerstenernte Mesopotamiens zum Bierbrauen benutzt.«

Der Vormarsch des Biers – als kräftigendes und erfrischendes »flüssiges Brot« ebenso wie als »göttlich« anregendes und berauschendes Getränk für

Die große Tradition der deutschen Brauer: das Reinheitsgebot von 1516, rechts in der Originalurkunde. Herzog Wilhelm IV. von Bayern (oben) ist diese Verordnung »Wie das Bier sommers wie winters auf dem Land soll geschenkt und gebraut werden« zu verdanken.

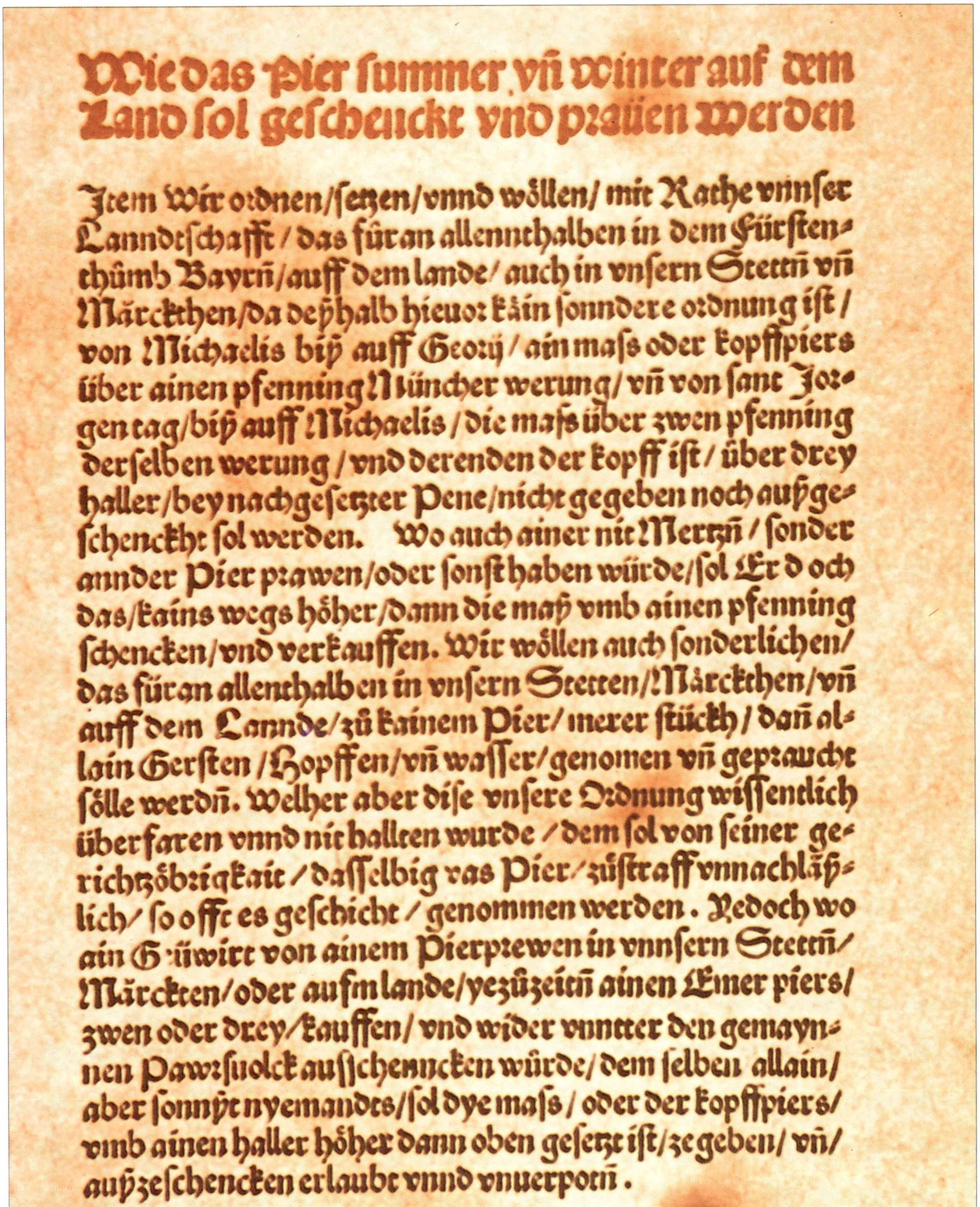
Wie das Pier summer vñ winter auf dem Land sol geschenckt vnd praüen werden

Jtem Wir ordnen/setzen/vnnd wöllen/ mit Rathe vnnser Lanndtschafft / das füran allennthalben in dem Fürstenthumb Bayrñ/auff dem lande/ auch in vnsern Stettñ vñ Märckthen/da deßhalb hieuor kain sonndere ordnung ist/ von Michaelis biß auff Georij / ain mass oder kopffpiers über ainen pfenning Müncher werung/ vñ von sant Jorgen tag/biß auff Michaelis / die maß über zwen pfenning derselben werung / vnd derenden der kopff ist / über drey haller/bey nachgesetzter Pene/nicht gegeben noch außgeschenckht sol werden. Wo auch ainer nit Mertzñ / sonder annder Pier prawen/oder sonst haben würde/sol Er doch das/kains wegs höher/dann die maß vmb ainen pfenning schencken/vnd verkauffen. Wir wöllen auch sonderlichen/ das füran allenthalben in vnsern Stetten/Märckthen/vñ auff dem Lannde/zů kainem Pier/ merer stückh/ dañ allain Gersten /Hopffen/vñ wasser/genomen vñ gepraucht sölle werdñ. Welher aber dise vnsere Ordnung wissentlich überfaren vnnd nit hallten wurde / dem sol von seiner gerichtzöbrigkait / dasselbig vas Pier/ zůstraff vnnachläßlich/ so offt es geschicht / genommen werden. Yedoch wo ain Gäuwirt von ainem Pierprewen in vnnsern Stettñ/ Märckten/oder aufm lande/yezůzeitñ ainen Emer piers/ zwen oder drey/kauffen/ vnd wider vnnter den gemaynnen Pawrsuolck ausschencken würde/dem selben allain/ aber sonnyst nyemandts/sol dye mass / oder der kopffpiers/ vmb ainen haller höher dann oben gesetzt ist/zegeben/ vñ/ außzeschencken erlaubt vnnd vnuerpotñ.

Gegeben von Wilhelm IV. Herzog in Bayern
am Georgitag zu Ingolstadt Anno 1516

gesellige Feiern und für kultische Anlässe – ging mit der Ausbreitung der Zivilisation einher. Die Kunst des Bierbrauens entfaltete sich von Babylonien weiter nach Ägypten. Dort galt Bier allerdings nur als Getränk für das gewöhnliche arbeitende Volk, somit auch als flüssige Kraftnahrung für die gefangenen Sklaven, die man zum Bau der Tempel und Pyramiden einsetzte. Die reiche Oberschicht in Ägypten hat dagegen vorwiegend Wein getrunken – wie ja Jahrtausende später über lange Zeit hindurch bei uns auch. Doch die Kunst des Bierbrauens verbreitete sich nach und nach auch in anderen Reiche dieser damals so fruchtbaren und getreidereichen Ebenen, die aus diesem Grunde auch ständig besonders begehrt und umkämpft waren.

Heute ist freilich nicht nur die Wüste in den größten Teil dieser Gebiete immer weiter vorgedrungen und hat den Getreideanbau bedeutungslos gemacht. Vielmehr

Eine Hopfen-Urkunde, in der die Gemeinde das Recht zuerkannte, die kostbare »Bierpflanze« anzubauen. Heute wertvolles Exponat im Hopfenmuseum Wolnzach.

kam im 8. Jahrhundert n. Chr. dort mit den Arabern auch der Islam. Die zwischen Euphrat und Tigris lebenden Volksstämme sind heute vorwiegend Moslems, denen der strenge Prophet Mohammed im heiligen Koran jeden Alkohol streng verboten hat, sogar das Bier.

In den biblischen Zeiten wurden jedoch im heutigen Mittleren Osten mit dem Begriff Bier nicht nur seine ständig verfeinerten Rezepturen verbreitet, sondern auch bereits viele damit zusammenhängende Gesetze für die Herstellung und Verwendung des Biers sowie Strafen für dessen Verderb oder Mißbrauch. Bier wurde ebenso als Arbeitslohn benutzt wie als kräftigendes Aufputschmittel vor dem Kampf. Es wurde auch immer schon als gesundes, ja heilendes Getränk gepriesen. Das war auf jeden Fall zumindest in dem Sinne auch richtig, als dieser Sud durch das Gären und Kochen nicht nur alkoholhaltig, sondern auch keimfrei wurde: Somit war Bier weit ungefährlicher als so manches Wasser aus den Tümpeln und Brunnen, Bächen und Seen rund um die alten Städte und Siedlungen.

Bier galt aber schon früh auch als eine von den Göttern sehr begehrte Opfergabe in den Tempeln Babylons. Dort wurde es von Priestern wie Priesterinnen zufällig gleichermaßen hoch geschätzt und gern durch deren geweihte Kehlen hindurch den Göttern zugeführt. Insofern hat es immerhin indirekt doch eine uralte Tradition, wenn auch bei uns in katholischen Gegenden zumindest seit der Zeit des 30jährigen Krieges von den bierbrauenden Klöstern immer wieder neue Heiligenfeste, Wallfahrten und Flurprozessionen eingeführt wurden, bei denen nach der religiösen Feier auch der Hunger gestillt und vor allem der noch größere Durst gestillt werden mußte. Wenn bei diesen frommen Kulten nicht nur die Priester, Mönche und Nonnen stellvertretend für die Gottheit das vom Volk geopferte Bier trinken dürfen, sondern umgekehrt die Mönche und Nonnen ihr Klosterbier auch für das Volk gebraut und ausgeschenkt haben, so ist dies doch ein merklicher demokratischer Fortschritt gegenüber dem Götzendienst des finsteren Altertums.

In den biblischen Berichten des Alten wie des Neuen Testamentes ist zwar viel von Wein, aber kaum jemals von Bier die Rede. Weder bei den Festen der jüdischen Tradition noch beim Tafeln und Diskutieren Jesu »mit den Zöllnern und Sündern« noch bei seinem letzten Abendmahl mit den späteren Aposteln wird Bier als Getränk der jüdischen Gesellschaft auch nur erwähnt. Daß Jesus bei der Hochzeit zu Kanaan Was-

Die Klosterbrüder als Genießer des Selbstgebrauten – so wie auf diesem Gemälde ging es zu in den Klöstern, die sich schon früh das Braurecht sicherten. Sie ersonnen sogar einen »Trick«, um die Strenge der Fastenzeit zu umgehen.

ser nicht in Bier, sondern in Wein verwandelt hat, mag auch damit zu tun haben, daß das offenbar wesentlich leichter geht, wie uns seither viele Winzer bewiesen haben.

Die Tatsache, daß das Bier in der Bibel kaum vorkommt, hat bei manchen den Eindruck erweckt, als habe es in der vorchristlichen Zeit und im frühen Christentum bei den Juden, Griechen und Römern überhaupt nur Wein gegeben und das Bier sei erst viel später als Barbarengesöff von den Germanen erfunden und neben dem Honigmet eingeführt worden.

Das stimmt natürlich so nicht. Wo der Wein zuerst da war und wo früher Bier gebraut wurde, wo der Wein Hauptgetränk war und wo das Bier, welches Getränk somit das ältere, das bessere oder das vornehmere war, das hing einzig und allein damit zusammen, wie das Klima und die Bodenbeschaffenheit waren. Wo nämlich an sonnigen Hängen viel und guter Wein wuchs, da hatte man kaum Grund, neben dem billigen eigenen Wein auch noch das teure, oft importierte Getreide zu Bier zu sieden. Und umgekehrt: Wo man genug flache Getreideäcker hatte und den Wein teuer hätte einführen müssen, da war eben Bier das preiswertere Hauptgetränk des Volkes, und den importierten Wein konnte sich nur die Oberschicht leisten. In Bayern beispielsweise haben sich Bier und Wein im Laufe der Geschichte sogar zweimal als jeweils vorherrschendes Volksgetränk abgewechselt.

Auch die Juden – biblisch »die Kinder Israels« – kannten selbstverständlich das Bier, schon aus den jeweils langen Jahrzehnten der babylonischen wie auch der ägyptischen Gefangenschaft; sie brauten auch selbst eine Variante davon, die sie »sicera« nannten. Aber Getreide war im größten Teil des historischen Landes Israel meist knapp und mußte deshalb oft für teures Geld von diesen und anderen Nachbarvölkern eingeführt werden. Dagegen gediehen Weinstöcke auf den sanften Hügeln des »Heiligen Landes« so gut, daß der Wein eher das preiswertere Volksgetränk war.

Nach der jüdischen Überlieferung haben die Juden zwar die große Gefahr der Ansteckung mit Lepra in den unhygienischen Zuständen während der babylonischen Gefangenschaft nur dank dieses keimfreien und alkoholhaltigen Getränkes Bier überlebt. Ähnliches galt sicher auch für die ägyptische Gefangenschaft, wo das Bier wiederum sowohl eine flüssige Kraftnahrung für die harte Fronarbeit an den Großbauten der Pharaonen war als auch ein leichtes, die Lethargie förderndes Betäubungsmittel während des demütigenden Sklavendaseins. Daß auch die heutigen Bauarbeiter das Bier als »Arbeitsgetränk« besonders schätzen, beruht daher auf einer alten, bereits biblischen Tradition.

Doch abgesehen vom billigeren Wein vor der Haustüre war das Bier für das biblische Volk Israel in vieler Hinsicht diskreditiert und gewissermaßen auch im geistlichen Sinne »unrein«. Zum einen verband sich mit diesem Getränk die geschichtliche Erinnerung an die schlimmen Zeiten des Abfalls vom einen Gott und die dann als Strafe anschließende Sklaverei in Babylon und Ägypten. Zum anderen aber war das Bier dort und bei anderen feindlichen Nachbarvölkern – wie geschildert – auch ein kultisches Getränk und eine bevorzugte Opfergabe für die dort verehrten Göttinnen und Götter. Diese waren aber für das nur einem Gott dienende »auserwählte Volk« nur verabscheuungswürdige Götzen ihrer Feinde. Darum hing dem Bier generell der Geruch der Feinde Israels an.

Von diesen biblischen Zeiten dürfen wir getrost einen geschichtlichen Sprung bis ins christliche Mittelalter machen. Denn bei Griechen und Römern war das Bier zwar als Getränk bekannt – schließlich sorgten die lange Zeit im Seehandel dort vorherrschenden Phönizier schon für seine Verbreitung von Nordafrika bis nach Europa herüber. Aber das Bier spielte verständlicherweise in allen klassischen

heißen Weinbauländern Südeuropas nur eine geringe Rolle.

Das Zentrum der Bierherstellung hatte sich deshalb allein aus klimatischen Gründen schon sehr bald – und nur mit etwa tausend Jahren Unterschied zu Babylonien – vom Mittleren Osten nach dem kälteren Nordeuropa verlagert. Neben dem Honigmet war – laut Berichten des römischen Geschichtsschreibers Cornelius Tacitus – das süße, süffige Bier schon das Lieblingsgetränk der Germanen. Es wurde nördlich der Alpen nachweislich schon 800 Jahre v. Chr. gebraut und gehandelt. Auch von den Kelten war es schon getrunken worden – längst bevor noch die Römer während ihrer langen Besatzungszeit in Nordeuropa überall dort den Weinanbau verbreiteten, wo es nur von Boden und Klima her möglich war. Von den Germanen wurde Bier aus Gerste, Weizen oder auch Hirse gebraut und dabei – nach Erkenntnissen der schon zitierten englischen Bierforscher Laing und Hendra – »gewürzt mit Myrte, Eschenlaub und Eichenrinde, und

Böttcher (links), Bierfahrer (oben) und Brauer am Maischbottich (unten) – das Bierhandwerk hat sehr unterschiedliche Berufe hervorgerufen. Oder – wie es der Dichter Klaasen ausdrückt: »Das Bier muß sich regen – und eine Menge Menschen erwarten sich den Segen.«

um eine stärkere Rauschwirkung zu erzielen, setzte man dem Trank häufig den Honig der wilden Bienen zu«. »Prost-Mahlzeit!«, kann man dazu als Biertrinker von heute nur sagen.

Aber bei aller überragenden Bedeutung, die das Bier bei den Germanen als Volksgetränk hatte, so war die Herstellung der Grundsubstanz des Biers aus vergorenem Getreide im Prinzip bis ins Mittelalter hinein immer noch die gleiche wie bei der Steinzeitfrau, den alten Ägyptern und den Kelten. Einen wesentlichen Qualitätssprung verdankt die Braukunst und damit das Bier zum einen dem Hopfen und zum anderen den Mönchen der großen frühmittelalterlichen Klöster und ihren professionell betriebenen Brauhäusern, in denen nach und nach erstmals auf der Welt Hopfen zur Bierherstellung verwendet wurde.

Der Hopfen war vermutlich von den slawischen Wenden aus Böhmen nach Bayern und Deutschland importiert und dann von den Mönchen schon bald zum Brauen übernommen worden. Er diente als neues herbes Würzmittel und leitete das Ende des süßen Biers ein. Zugleich wirkte der Hopfen aber auch als natürliches Konservierungsmittel – ganz abgesehen von allen möglichen Heilwirkungen, die ihm die Kräuterpäpste als »bittere Arznei« bis heute sonst noch nachsagen. Aber auch die Nonnen haben am Bierbrauen – wie einst schon die Steinzeitfrauen – ebenso ihren Anteil wie an der Verbreitung und Verfeinerung dieser Kunst. Als erste hat im 12. Jahrhundert die berühmte Äbtissin Hildegard von Bingen, eine heilkundige Naturforscherin, über den gesundheitlichen Nutzen des Hopfens im Bier geschrieben.

Eines der ersten großen Brauklöster der Benediktiner war das der Reichsabtei St. Gallen, das schon Mitte des 9. Jahrhunderts drei stattliche Brauhäuser samt den erforderlichen Nebengebäuden aufwies. Aber als »die erste Brauerei der Welt« gilt dennoch die ehemalige Klosterbrauerei und heutige Bayerische Staatsbrauerei Weihenstephan bei Freising. Präziser eingeschränkt muß es eigentlich heißen: die erste gewerbliche Brauerei der Welt, in der Bier nach der bis heute bei uns üblichen Art – aus Gerste, Hopfen und Wasser – hergestellt wurde, und zugleich die älteste Klosterbrauerei der Welt, in der bis heute noch Bier gebraut wird. In Weihenstephan hat man zwar auch schon im 9. Jahrhundert Bier gebraut, und wann die Mönche erstmals auf Hopfenbier umgestellt haben, weiß man auch nicht so genau. Aber sicher ist, daß dieses Kloster im Jahre 1040 vom Bischof von Freising das Recht erhielt, Bier nicht nur zu brauen, sondern über den Haustrunk hinaus auch zu »verleitgeben«, das heißt zu verkaufen. Dieses Recht wurde dann immer mehr Klöstern verliehen, so 1048 dem

Kloster Benediktbeuren bci Bad Tölz und 1050 dem Kloster Weltenburg bei Kelheim. Von da an ging es mit der systematischen Weiterentwicklung der Braukunst stetig aufwärts, bis etwa ab dem 12. und 13. Jahrhundert die Klöster das Bierbrauen einstellten oder zumindest auf ihren Eigenbedarf einschränkten.

Was war geschehen? Zum einen begann die ab dem 11. Jahrhundert vom Kloster Cluny in Burgund ausgehende Reformbewegung der Kirche in den Benediktinerorden nun allmählich zu greifen. Das bedeutete strengere Rückbesinnung der Mönche auf die klösterliche Frömmigkeit, die geistlichen Räte (Armut, Keuschheit und Gehorsam) und ihre pastoralen Aufgaben, und somit nach und nach auch einen Rückzug von eher profanen Künsten wie dem gewerblichen Bierbrauen über den Eigenbedarf hinaus.

Zum anderen herrschte offenbar in den ersten Jahrhunderten des zweiten Jahrtausends in Mitteleuropa ein zunehmend wärmeres Klima. Doch dieses wurde nach und nach so mild, daß im Laufe des ausgehenden Mittelalters der Weinanbau hier in unseren Breitengraden immer mehr Erfolg hatte und sich weiter ausbreitete. Nicht nur in allen auch heute noch bekannten und berühmten Weinbaugebieten Deutschlands, sondern weit darüber hinaus, etwa im heutigen Altbayern, wurden immer mehr Weinberge angelegt und der Wein auch als das nun hauptsächlich verbreitete Volksgetränk in großen Mengen ausgeschenkt. Man nannte ihn zwar oft »Rachenputzer« oder »Kindstöter« und dergleichen, weil man ihn nicht nur an den sonnigen Südhängen des Donauufers und des Hügellandes anbaute, sondern sogar bis in die Vororte Münchens hinein. Aber immerhin, der Wein lief mehr als zwei Jahrhunderte lang auch in Altbayern – das heißt noch ohne das klassische Weinland Franken – dem Bier völlig den Rang ab. Wieder setzten sich die Klöster schnell an die Spitze der Bewegung, kultivierten immer mehr Hänge zu Weinbergen und entwickelten die Kunst des Weinbaus mit ähnlichem Eifer und akribischem Sachverstand, damit sie nicht nur selbst einen edlen Tropfen trinken konnten, sondern auch wieder gute Einnahmen damit erzielten.

Doch das Klima schlug ein weiteres Mal um – fast möchte man sagen: es schlug zugunsten der weithin abgewirtschafteten privaten Bierbrauer samt der Hopfen- und Gerstenbauern zurück. Diesmal passierte der Klima-Umschwung allerdings eher kurzfristig und geradezu schockartig: Aus dem Jahre 1437 werden so harte und lang anhaltende Fröste berichtet, daß über Bayern hinaus nahezu überall in ganz Süddeutschland die Weinstöcke erfroren und die Weinberge fast zur Gänze vernichtet waren.

Nun wurde der Wein wesentlich teurer, weil er aus anderen Teilen Deutschlands und von Anbaugebieten südlich der Alpen importiert werden mußte. Da

Kompanie-Porträt mit Bierhumpen – auf ihre Maß wollten die Soldaten für das Traditions-Foto nicht verzichten. Und auch wenn die Herren unfreundlich gucken – Gemütlichkeit ist angesagt.

besann man sich wieder auf das Bier, und neue Braustätten schossen wie die Pilze aus dem Boden.

Für einen Bayern schmerzlich zuzugeben, aber historisch nicht zu bestreiten ist die Tatsache, daß etwa vom 15. bis zum Ende des 16. Jahrhunderts im Norden und Westen Deutschlands ein besseres Bier gebraut wurde als im schon früher klassischen Bierland Bayern. Der herzogliche Hof in München beispielsweise bezog sein Bier nicht aus einheimischen Braustätten, sondern importierte das »Ainpockisch Pier« so lange aus dem niedersächsischen Einbeck, bis man sich diesen Luxus für den ständig wachsenden Hofstaat nicht mehr leisten konnte. 1589 wurde deshalb mit der Errichtung einer eigenen herzoglichen Braustätte, dem Hofbräuhaus, begonnen.

Das private Braugewerbe hatte nach dem Rückgang des Weinbaus auch in Süddeutschland schnell wieder begonnen, kräftig Geld zu verdienen und sich auch mehr als je zuvor mit der Konkurrenz der Klosterbrauereien zu streiten: um die Bierqualität, um die öffentlichen Schankrechte und verschiedene Steuervergünstigungen der Klöster sowie im Gefolge natürlich auch um deren niedrigeren Bierpreis. Manche Privatbrauer versuchten, gegen die qualitativ bessere klösterliche Konkurrenz mit billigeren Zutaten zum Bier ihren Gewinn zu sichern. Das hatte aber nicht nur Auswirkungen auf den Geschmack, sondern überschritt bereits die Grenze zur gesundheitlichen Gefährdung. 1487 sah sich deshalb der Münchner Herzog Albrecht IV. veranlaßt, ein Reinheitsgebot zu erlassen und die Münchner Brauer darauf zu vereidigen.

Dieses Lebensmittelgesetz – sicher eines der ältesten der Welt – bestimmte, daß zur Herstellung von Bier nur Gerste, Hopfen und Wasser verwendet werden dürfen. Sein Sohn Wilhelm IV., der zusammen mit Ludwig X. die wiedervereinigten Teilherzogtümer München-Baiern und Landshut-Baiern regierte, ließ dieses Reinheitsgebot im Jahre 1516 auf dem Landtag zu Ingolstadt für ganz Bayern beschließen. Dieses Gesetz ist das international bekannte und bis heute berühmte »Bayerische Reinheitsgebot«, obwohl es nahezu wortgleich mit den schon 30 Jahre früher für München erlassenen Brauvorschriften ist. Einige Jahre später wurde auch eine staatliche Höchstgrenze für den Bierpreis festgelegt, die noch öfters in der bayerischen Geschichte zu »Bierrevolten« führte.

Das Reinheitsgebot, das von allen Hopfen- und Getreidebauern lebhaft begrüßt, aber von vielen privaten Brauern zunächst als Gängelung und Geschäftsschädigung empfunden wurde, erwies sich freilich schon bald als Segen – nicht nur für die Qualität und damit die Gesundheit und Bierliebe der Bevölkerung. Es wurde auch zur Grundlage für den neuen Weltruf, den wachsenden Hektoliter-Ausstoß und den überregionalen Absatz des wieder hochwertigen Münchner und bayerischen Biers, an dem dann auch die Wittelsbacher Herzöge, Kurfürsten und Könige über die Biersteuern kräftig mitprofitierten. Das Bier wurde zum »fünften Element« und setzte sich nun endgültig als bayerisches »Nationalgetränk« durch, was aber spätestens ab dem 19. Jahrhundert auch dem Absatz des Weins – zumindest in Bayerns Städten – keinen Abbruch tat.

Im Norden Deutschlands war im Zuge der Reformation und der damit vielfach verbundenen Säkularisation der Klöster von den protestantischen Landesfürsten die Konkurrenz der bierbrauenden Mönche entweder ganz beseitigt worden oder die Klosterbrauereien wurden enteignet und auf weltliche Besitzer – seien es private oder städtische – übertragen. Speziell die großen Brauereien im Besitz der Städte oder der Landesherren waren so stark privilegiert, daß die kleineren Privatbrauereien damals kaum eine Chance hatten, sich gegen diese Konkurrenz zu halten.

Im Süden, speziell in München und ganz Bayern, nahm das Brauereiwesen erst nach dem Ende des 30-jährigen Krieges, also in der Mitte des 17. Jahrhunderts, wieder einen kräftigen Aufschwung. Um die im Zuge der Gegenreformation wiederhergestellte strengere Klosterdisziplin mit ihren harten Fasten- und Abstinenzgeboten zu erleichtern, wurde von den schlauen Mönchen für die lange vorösterliche Fastenzeit ein stärkeres Bier als Kräftigungstrunk eingebraut, denn »Flüssiges bricht das Fasten nicht«, sagt die Regel. Erstmals nachgewiesen wurde dieses kräftigere Fastenbier bei den Paulanern in München unter dem Namen »Salvator«. Das Starkbier wurde bald von allen Münchner und vielen bayerischen Brauereien nachgemacht, weshalb man deren Ausschank hier auch die »fünfte Jahreszeit« nennt.

Einen erneuten Rückschlag für das Brauwesen in Bayern brachte dann – zumindest vorübergehend – die Säkularisation von 1803. In deren Gefolge lagen zahlreiche klösterliche Braustätten jahrelang ganz darnieder, bis sie dann entweder in Privatbesitz übergingen oder zum Teil später von den intakt gebliebenen oder regenerierten Orden unter Förderung der Könige wieder von den Mönchen betrieben wurden. Als dann gegen Ende des 19. Jahrhunderts die meisten Großbrauereien in Bayern auch noch vom Privatbräu zur Aktiengesellschaft übergingen, hatte sich die bayerische Biergeschichte wieder weithin der deutschen angenähert, was sich im Zuge der technischen Modernisierung, der Ausweitung der Kapazitäten und der damit verbundenen Konzentration im Braugewerbe nach dem Zweiten Weltkrieg noch verstärkte.

Ein wesentlicher Unterschied zu den Bierhochburgen im Norden und Westen Deutschlands blieb freilich in Bayern bis heute erhalten: Trotz des auch hier um sich greifenden Brauereisterbens gibt es heute im weißblauen Freistaat noch eine wesentlich größere Zahl von alten Klosterbrauereien sowie – von der Bierqualität her – hochangesehenen und beliebten mittelständischen Landbrauereien. Das mit Recht berühmte und für ganz Deutschland gültige Bayerische Reinheitsgebot freilich wurde 1987 ausgerechnet von der EG unterlaufen. Zwar ist es uns gnädig erlaubt, weiterhin reines, nur aus Gerste (oder Weizen), Hopfen und Wasser gebrautes Bier herzustellen und zu verkaufen. Im Handel angeboten und ausgeschenkt werden darf jedoch auch wieder jene aus allerlei fragwürdigen Produkten und chemischen Zusätzen gepanschte Plempe, die bayerische Herzöge nicht nur um ihrer Biersteuer willen, sondern auch der Gesundheit ihrer Landsleute zuliebe verboten hatten.

Besonders wichtig war die Braukunst der Mönche im Mittelalter: Damals gab es über 500 Klosterbrauereien. Nur einige wenige konnten sich bis heute halten. (Bild von Eduard Grützer, der für seine Genrebilder mit trinkfreudigen Mönchen berühmt war.)

Wie der Alte Fritz Bierbrauer wurde

Bierhistörchen und -schmankerl

von Erhard Thiel

Wer war eigentlich Gambrinus, der Schutzpatron der Brauer? Keiner weiß es so recht; manche beziehen sich auf Tacitus, andere glauben, ihn unter den Figuren der Sagenwelt gefunden zu haben. Und dann ist da noch eine mittelalterliche Version, die Gambrinus auf den Brabanter Herzog Jan Primus zurückführt. Dieser war ein Edelmann von fröhlicher, leutseliger und selbstverständlich trinkfreudiger Lebensart. In einer anderen Version dieser Bierlegende heißt es: Wer Anführer der Brauer werden wollte, der mußte erst einmal ein gewaltiges Bierfaß stemmen und es zwei Steinwürfe weit tragen. Selbst Atlas hätte sich damit schwer getan. Als letzter der Kandidaten versuchte sich Jan Primus an dem Kraftakt. Seine Idee, das Transportproblem zu lösen, war genial einfach: Er ließ das Faß anschlagen, legte sich unter den Zapfhahn und trank es leer, packte sich das leere Faß auf die Schultern und trug es ohne Mühe über die geforderte Distanz.

Die wunderbare Wandlung des wilden Enkidu – oder das Bier als »Evolutionsbeschleuniger«: Das Gilgamesch-Epos schildert, wie der zottige Tiermensch Enkidu den aufrechten Gang lernte. Das Bier spielt bei diesem Evolutionsprozeß eine wichtige Rolle. Halbgott Gilgamesch hatte die Idee, den Urtyp und Kultur-Negierer Enkidu zu kultivieren, und er wußte, was wilde Männer weich macht: attraktive Weiblichkeit, die klug die richtigen Argumente einsetzt. »Enkidu weiß nicht, wie man Brot ißt; er versteht nicht das Bier zu trinken«, hatte diese schöne Botin der Zivilisation erkannt und an diesem Punkt gleich mit ihrem Verführungsauftrag angesetzt: »Iß das Brot, Enkidu, das gehört zum Leben, trinke das Bier, wie es im Lande Brauch ist.« Enkidu trank, gar sieben Krüge Bier, damit war die wunderbare Wandlung unumkehrbar, denn, so erkannte die Schöne, deren Namen uns das Gilgamesch-Epos vorenthält, »da entspannte sich sein Inneres und er ward heiter. Sein Herz frohlockte und sein Angesicht strahlte, er wusch sich den zottigen Leib mit Wasser, salbte sich mit Öl – und ward ein Mensch...« Wenn wir denn die Botschaft des Gilgamesch-Epos richtig verstehen: Kultur wird durch Bier erst schön!

Die rechte Brotzeit anno Gemütlichkeit: Der Fiaker-Schorsch braucht zur Kalbshaxe natürlich einen gut gefüllten Zinn-Humpen.

Die strengen babylonischen Biergesetze des Königs Ünik Hammurapi: Dieser Ünik Hammurapi, das sei vorausgeschickt, war keine Legendengestalt, sondern ein historischer babylonischer König. Vor mehr als dreitausend Jahren regelte er die Geschäfte rund ums Bier mit rigiden Gesetzen. Eine Gastwirtin zum Beispiel, die sich ihr Bier statt in Gerste, wie es das

Gesetz vorschrieb, in Silber bezahlen ließ, oder die womöglich minderwertiges Bier überteuert anbot, wurde ertränkt – allerdings nicht im Bier. Und Priesterinnen, die eine Wirtschaft besuchten oder gar eröffneten, ließ Hammurapi verbrennen. Den Bierpreis hatte er, wie in allen Bierregionen, per Dekret festgelegt. Ähnlich dem Reinheitsgebot gab es auch Vorschriften zum Würzgehalt.

Je höher die Position, desto reichlicher floß das Bier: Die Babylonier schluckten streng nach Vorschrift, und zwar nicht schlecht. Für alle Bevölkerungsschichten gab es Bierdeputate, gestaffelt nach Rang und Stellung, von zwei Litern für Arbeiter und Angestellte, die es in Babylonien bereits gab, bis zu fünf Litern täglich für Provinzverwalter und Oberpriester. Offensichtlich folgten die Babylonier dem Grundsatz: je höher die Stellung und je größer die Verantwortung, desto nötiger auch das Bier.

Die Kneipe – Hort sozialer Gemeinschaft und Kommunikation. Beim gepflegten Skat, bei Bier und Korn kann man leichter über die Klippen des Alltags hinwegsehen.

Aristoteles und seine Lehre der Räusche: Der Philosoph Aristoteles, als Sohn eines vornehmen Arztes medizinkundig, untersuchte, mehr oder minder wissenschaftlich, die unterschiedlichen Räusche. Er bestätigte dabei die vielen Biertrinkern bekannte Erfahrung, daß Bier ein angenehmer Schlaftrunk ist. Aristoteles fiel aber noch mehr auf: Bier besitze die Eigentümlichkeit, so glaubte er als Beobachter diverser Gelage erkannt zu haben, den Menschen, der zuviel davon getrunken habe, nach rückwärts fallen zu lassen, während allzu reichlicher Weingenuß ein Niederstürzen nach allen Seiten verursache.

Die alten Römer — Sammler feiner Biere: Von den Kelten, die ihr Bier Corma nannten und es schon aus Fässern zapften, lernten die Römer den Gerstentrunk kennen und offensichtlich auch schätzen. Von vielen römischen Feinschmeckern ist bekannt, daß sie Biere ganz unterschiedlicher Herkunft im Keller hatten.

Martin Luthers Sehnsucht nach einer »Pfloschen«: Ehefrau Katharina von Bora hatte als Nonne das Brauhandwerk gelernt und im Kloster auch eine Lizenz zum Brauen erworben. Nach der Heirat mit Luther brachte sie diese Fertigkeiten in die Ehe ein und braute regelmäßig zu Hause. Was Luther sehr zu schätzen wußte; der erhielt zwar häufig Bier von Fürsten und Stadtvätern als Ehrengabe, und zu seiner Hochzeit mit Katharina gab es sogar ein Faß Einbeck'sches, doch das von Katharina Gebraute blieb sein Leibgetränk. Auf Reisen schrieb er an seine »gnädige Jungfer Katharina Lutherin von Bora und Zulsdorf, meinem Liebchen«, sie möge doch »ein Pfloschen« ihres Biers zu ihm schicken, so oft sie könne. Und er drohte scherzhaft, wenn Katharina zögere, würde er einfach nicht nach Hause kommen, bevor neues Bier gebraut sei.

Die straffende Wirkung des Bierschaums: Johann Casimir August Christian Saugfuß, einstmals Hofapotheker des Herzogs Wilhelm von Bayern, verpackte in sein 1541 verfaßtes »Tractat vom Bier« auch einige kosmetische Ratschläge. Saugfuß riet den Frauen, Gesicht und Busen mit Bierschaum einzureiben. Das straffe die Haut und mache die Brust fester. So darf es nicht wundern, daß sich in deutschen Landen die jungen Mädchen mit Bier wuschen. Dafür erbaten sie sich oft beim Wirt die letzten Reste aus dem Faß. Die Neige war zwar billig, doch diese Kosmetik hatte einen entscheidenden Mangel: kein Schaum, und dabei galt gerade der als schönheitsspendender Bestandteil. So kauften sich denn Mädchen, die es sich leisten konnten, möglichst das erste Glas Bier nach dem Anstich.

Heinrich VI. (1422–1471), der Bierschützer, der zweimal König war: Seine Sheriffs wies jener englische König, der 1461 durch Eduard IV. gestürzt wurde und 1470, ein Jahr vor seinem Tod, auf den Thron zurückkehrte, unmißverständlich an: »Gewisse übelwollende Personen setzen mit Haß und List alles daran, alle zu unterdrücken, die einen Trank, Biere genannt, brauen. Sie verbreiten Gerüchte und Argwohn, um die Leute gegen dieses Getränk aufzubringen; weswegen es die Brauer nicht wagen, den besagten Trank mit dem Namen Biere zu bereiten. Und das zu Schaden und Entbehrung sehr vieler Untertanen, die an diesem Getränk Gefallen finden und es als hervorragenden, gesunden und mässigen Trank zu schätzen wissen. Ihr sollt nun überall bekanntmachen lassen, daß alle Brauer von Biere wie bisher offen brauen, verkaufen und arbeiten dürfen. Und bei Strafe sollen unsere Lehnsherren keinen von ihnen belästigen oder hindern, einschüchtern oder bedrohen, um ihn damit abzuhalten, wie bisher frei weiter zu brauen.«

Der Dortmunder Bierkrieg: Bereits 1293 erhielt Dortmund als Freie Reichsstadt das kaiserliche Braurecht. Der rasche Aufstieg der Stadt weckte allerdings auch den Neid der bierbrauenden Nachbarn. Als die Dortmunder Brauer im späten Mittelalter ihr Bier nach Münster, Bielefeld und Minden lieferten, kam es bald zu einem regelrechten Bierkrieg, wollten doch diese Städte ihre eigenen Brauer schützen, von denen sie Biersteuer kassierten. Als selbst ein Ultimatum die Dortmunder Bierwagen nicht stoppen konnte, schossen Scharfschützen Löcher in die Holzfässer. Daraufhin ließen die Dortmunder ihre Transporte durch Söldner bewachen, die grausame Rache an den Schützen nahmen. Auf diese Weise kam es zu regelrechten Bierkriegen, die sich aber nicht nur rund um Dortmund abspielten.

Früher gehörte ein kräftiges »Plopp« zum Flaschenbier wie die Hefe zum Sud. Besonders im Norden Deutschlands – in erster Linie Flensburg und Dithmarschen – haben Brauereien an der Tradition der Bügelverschlußflasche (mundartlich: Beugelbuddelbeer) festgehalten. Aber auch in anderen Gegenden signalisiert das »Plopp« den Fortbestand der Tradition, ein gutes Bier zu brauen.

Herzliche Einladung zum Bierkränzchen: Brauen war in den ersten Jahrhunderten unserer Zeitrechnung ebenso wie das Brotbacken Frauensache. War der Sud gelungen, lud die Braufrau ihre Nachbarinnen zu einem Umtrunk ein. Ein Brauch, aus dem womöglich später das Kaffeekränzchen entstanden ist. Heute sind Frauen nur selten an der Spitze größerer Brauereien zu finden, und

beim Studium des Brauhandwerks übersteigt der Anteil der Frauen kaum die 6-Prozent-Marke. Dabei sollte Bierbrauen eigentlich auch »Frauensache« sein – handelt es sich doch beim Gerstensaft und seinen Ingredienzien eindeutig um Lebensmittel. Und der Anteil an weiblichen Genießern unter Deutschlands Biertrinkern hat sich bei stattlichen 37 Prozent eingependelt. Auch weiß kaum jemand, daß es nicht – wie allgemein angenommen – etwa Klosterbrüder waren, die sich als erste wissenschaftlich mit der Brauereikunst auseinandersetzten: Die Äbtissin Hildegard von Bingen hat ihnen da den Rang abgelaufen. Schon um 1140 fand die Ärztin und Naturforscherin heraus, was der Hopfen im Bier bewirkt. Übrigens: Die Nonne wurde 81 Jahre alt – was auch nicht gerade gegen den Umgang mit dem Bier spricht. Das walte die heilige Brigitta! Die Irin aus dem 5. Jahrhundert gehört zu den acht Schutzheiligen der Brauer ...

Die Dichter und das Bier: Goethes schöner Schauer beim ersten Schluck und die starke Reaktion von Thomas Mann: »Das erste Mal schauert man, und hat man's eine Woche getrunken, so kann man's nicht mehr lassen«, erinnerte sich Goethe.

Auch Thomas Mann blickte beim Trinken tiefer: »Ich Geringer trinke täglich zum Abendbrot ein Glas helles Bier und reagiere auf diese anderthalb Quart so stark, daß sie regelmäßig meine Verfassung dadurch verändern. Sie verschaffen mir Ruhe, Abspannung und Lehnstuhlbehagen, eine Stimmung von ›Es ist vollbracht!‹ und ›Oh, wie wohl ist mir am Abend!‹ – ein Zustand, aufs Innigste zu wünschen.«

Der preußische Staatsmann Otto von Bismarck – auch ein Bierphilosoph: Was zwei Sprüche des Eisernen Kanzlers belegen. Der erste klingt mehr als gesellschaftskritisch: »Es wird bei uns Deutschen mit wenig so viel Zeit totgeschlagen wie mit Biertrinken.« Doch man kennt von ihm auch einen anderen Ausspruch zum Bier, in dem er versöhnlich den gemütvollen Lebensgenuß lobt: »Wer zu seiner Zigarre ein Bier trinkt, den kann man nicht so leicht in Rage bringen.«

Der »Alte Fritz« – ein königlicher Bierbrauer: Einen »ordentlichen« Beruf sollte er erst einmal lernen, der Fritz, also kam er in die Lehre und wurde Bierbrauer. Daß es dabei nicht blieb, wissen wir selbstverständlich. Was Friedrich der Große in Küstrin bei den Brauern lernte, sollte später auch eine seiner politischen Entscheidungen mitbestimmen. Weil der devisenzehrende Import des aufkommenden Modegetränkes Kaffee immer stärker den Haushalt des finanzschwachen Preußen belastete, verbot der Ex-Brauer Fritz die Einfuhr der bitteren Bohne. Seine Begründung: »Ein jeder Bauer und gemeine Mensch gewöhnt sich jetzt zum Kaffee. Wird das ein bißchen eingeschränkt, so müssen sich die Leute wieder an das Bier gewöhnen, denn das ist zum besten ihrer eigenen Bierbrauereien. Übrigens sind Seine Königliche Majestät höchstselbst mit Biersuppe erzogen worden. Ihre Väter kannten nur Bier, und das ist das Getränk, das für unser Klima paßt.«

Feuer im Münchner Hof- und Nationaltheater und die Bierpreiserhöhung von 1823: In Bayern führte über Jahrzehnte jeder Versuch, den Gerstensaft zu verteuern, unweigerlich zu Ärger bis zum offenen Aufruhr. Obwohl die Obrigkeit jedesmal das Militär ausrücken ließ, gingen regelmäßig sämtliche Fensterscheiben und das Mobiliar der Münchner und oberbayrischen Brauhäuser zu Bruch, ja, gelegentlich gab es sogar Tote und Verletzte, wenn der Liter Bier auch nur einen halben Kreutzer mehr kosten sollte. Über ein Jahrhundert lang, bis 1910, siegten stets die Bierrebellen über die Brauer, die ihre Preiserhöhungen wieder rückgängig machen mußten. Lediglich 1823 ließen die Bayern eine Verteuerung um einen Pfennig zu. Besondere Umstände trugen dazu bei. Als nämlich am 14. Januar jenes Jahres im Münchner Hof- und Nationaltheater ein Feuer ausbrach, waren alle Löschbrunnen zugefroren. Die Feuerwehr räumte deshalb die Lager der Münchner Brauereien aus und kippte den gesamten Biervorrat der Stadt in die Flammen. Ein vergebliches Opfer, brannte die Kultur-

Das Kruzifix am Hopfenrain soll darüber wachen, daß der Segen Gottes auf der Arbeit ruht. Das Wachsen und Gedeihen der fragilen Pflanzen kann den guten Willen von oben gebrauchen – Stürme und Hagelschlag haben schon so manche Ernte verdorben.

stätte doch trotzdem aus. Allerdings ließ sich daraufhin die Erhöhung des Bierpreises um einen Pfennig durchsetzen, um die Brauer zu entschädigen und den Wiederaufbau des Theaters zu finanzieren. Nach zwei Jahren war der Wiederaufbau Maß für Maß finanziert.

Alte Bierrezepte für die Neue Welt: Die erste gewerbliche Brauerei auf dem nordamerikanischen Kontinent wurde 1623 von der Niederländisch-Westindischen Kompanie in Manhattan eröffnet. William Penn machte mit seiner Brauerei in dem nach ihm benannten US-Bundesstaat den Anfang und löste damit so etwas wie einen Brau-Boom aus. Er wurde gleichsam zum brauenden Traditionsstifter, existieren doch in Pennsylvania heute mehr Brauereien als in jedem anderen Bundesstaat der USA. Auch George Washington, der erste Präsident der Vereinigten Staaten, unterhielt auf

Hopfenland Holledau in Abendstimmung. Das bizarre Bild der hochaufragenden Hopfenstangen ist jedem bekannt, der schon eimal auf der Autobahn Nürnberg-München gefahren ist. Früher war Hopfenbauer (rechts) ein Beruf mit schwerster körperlicher Anstrengung. Heute können die meisten Arbeiten maschinell ausgeführt werden. Dennoch gilt der Spruch: »Der Hopfen will seinen Herrn an jedem Tag sehen...«

seinem Gut in Mount Vernon ein privates Brauhaus. Eines seiner Bierrezepte präsentiert die New Yorker Stadtbibliothek hinter Glas. Als im Unabhängigkeitskrieg (1775/76) einmal der Biervorrat der Amerikaner zu Ende ging und zu befürchten war, daß die Soldaten nicht wie vorgesehen ihr tägliches Quart bekommen würden, schrieb Washington an den Kongreß und bat um Abhilfe. Der spätere Präsident Madison bewog das Repräsentantenhaus, die Biersteuer auf acht Cents pro Faß zu begrenzen, weil »solch niedriger Satz dazu beitragen wird, die Herstellung von Bier in den Staaten der Union anzuregen«. Ein knappes Jahrhundert später, 1861, wurde das erste, als Stiftung ins Leben gerufene College für Mädchen von dem Bierbrauer Matthew Vassar gegründet.

»Echtes Bier macht keine Zugeständnisse an ungeübte Geschmacksnerven«, so schrieb der Essayist Alan Breen in der Londoner »Sunday Times«. Er erinnerte sich: »Bald vergißt man, daß man sich erst dazu zwingen mußte, es hinunterzuschlucken. An manchen Abenden fließen dann wie aus einem Zauberbecher sechs oder sieben Pints hinunter. Nichts übertrifft ein gutes Bier nach einem langen Spaziergang. Leicht trüb, etwas kühler als lau, erinnert es an das Holz der Faßdauben, dazu kommt der Duft des Hopfens. Es hüllt uns ein wie eine weiche Pferdedecke und wiegt uns in den Schlaf.« Die Impression so einer Sensation der Sinne, typisch englischer Biergeschmack, auf dem Weg vom Gaumen durch den ganzen Körper, wie sie auch Graham Greene erlebte, für den allerdings der erste Schluck, wie viele andere Bierdebutanten auch, zu einem eher bitteren Initiationsritus wurde: »Später trank ich Bitter zum zweitenmal (nachdem er es beim ersten Versuch nur mühsam heruntergewürgt hatte), und ich genoß es mit einer Lust, wie ich sie dann immer wieder empfunden habe.«

Guinness – Trank der Literaten und Werbeklassiker: Disraeli Thackeray und Robert Louis Stevenson erwähnten Guinness in ihren Schriften. Auch bei Charles Dickens taucht der Name auf. In der Orginalausgabe der »Pickwick Papers« erscheint auf einer Zeichnung des berühmten Illustrators Phiz ein Guinness-Plakat. Daß Phiz den Namen versehentlich nur mit einem »n« schrieb, störte Guinness keineswegs, als man später zu werben begann. Die Illustration von Phiz erschien dann 1929 in der ersten Zeitungsanzeige. Guinness-Anzeigen wurden Klassiker der Werbung. Rex Whistler und H. M. Bateman gehören wie Erté zum Kreis der namhaften Illustratoren. Die Bestsellerautorin Dorothy L. Sayers, Schöpferin der Detektivfigur Lord Peter Whimsey, begann mit dem Schreiben als Texterin für Guinness. »Guinness is good for you« – diese schlichte Botschaft sei der beste aller Guinness-Slogans gewesen, hieß es. Die Werbeformel war jedenfalls das Ergebnis früher Verhaltensforschung. Ebenfalls in England in aller Munde: »My goodness – my Guinness«. In einer anderen Kampagne verknüpfte Guinness Tierillustrationen so eng mit dem Produkt, daß sie später – ohne Guinness namentlich zu erwähnen – für ein Plakat verwendet werden konnten, das anläßlich der Krönung von Queen Elizabeth II. herausgebracht wurde.

Der »Freitrunk« – alles andere als Freibier: Selbstverständlich ging in den Brauereien das Bier nicht aus. Sechs bis acht »Blechle« erhielt jeder Brauereiarbeiter pro Tag, was zum Bezug von ebenso vielen Litern Bier berechtigte; bei Nachtarbeit gab es dann noch zusätzlich einen Liter vom »Nachtfaßl«. Wieso sechs bis acht Liter täglich? Da war einmal die Hitze rund um die Braukessel und dann die harte Arbeit. Waren die Brauereien nun dank des reichlichen »Freitrunks« ein Bierparadies, ein Schlaraffenland? Auf den ersten Blick mag dies so erscheinen. Tatsächlich war der »Freitrunk« aber kein Freibier, sondern ein Bestandteil des Lohnes in Naturalien und wurde mit dem Entgelt verrechnet. In den meisten Münchner Brauereien konnten die Arbeiter auch nicht frei über die Verwendung des täglichen »Freitrunks« entscheiden. Wer die sechs bis acht Liter Bier nicht selbst trinken wollte oder konnte, dem blieb nur übrig, auf den Trunk zu verzichten. Wenige Brauereien erlaubten es ihren Arbeitern, in dem betriebseigenen Braustüberl das Bier nach eigener Einteilung zu konsumieren oder die Biermarken untereinander zu tauschen. So wird dann verständlich, daß die Gewerkschaft der Brauereiarbeiter zu Anfang dieses Jahrhunderts von einem »Trinkzwang« sprach und die Ablösung des »Freitrunks« zu einer ihrer Forderungen machte.

Die Brauereiküchen – Kraft auf den Teller: Die Arbeit in der Brauerei war anstrengend, und die Körperkraft all jener, die mit Arbeiten rund ums Bier ihr Leben bestritten, galt als sprichwörtlich. Deshalb verpflegten die Brauereien ihre Beschäftigten ausgesprochen üppig. Zum Mittagstisch gab es Suppe, Ochsenfleisch oder Kalbsbraten, dazu frisches Gemüse. Dies alles in Portionen, die etwa dem drei- bis vierfachen von dem entsprachen, was im Gasthaus auf den Tisch kam – und auch das war nicht wenig. Auch die Qualität der Brauereiküchen war exzellent. Und der Küchenchef hielt immer genug für eine Brotzeit am Nachmittag zurück.

Klöster mit eigener Brauerei können in Bayern auf eine lange Tradition zurückblicken. Die Brau-Nonne Doris aus dem Kloster Mallersdorf weiß, daß unter dem Kreuz ihr Bier recht gedeiht.

»Der Nährwert des Biers ist im Hinblick auf die achtunggebietenden Bäuche mancher Zecher häufig überschätzt worden, weil man außer acht ließ, daß diese beneidenswerten Bierbauchbesitzer ebenso wackere Esser wie Trinker sind«, so stand es vor rund hundert Jahren in einem frühen deutschen Diätbestseller, dem »Appetit-Lexikon«. Damals war dunkle, malzige Flüssignahrung gang und gäbe, nämlich Bock-, Export, Lager und das zwar helle, aber doch recht kräftige Weizenbier. Das untergärige, hochvergorene und stark gehopfte Helle vom Pilsner-Typ hatte seinen Siegeszug noch nicht angetreten.

Als die Maß nur ein paar Pfennige kostete – der reine Bierhimmel? Die Ära der Bierpaläste, das waren auch die Zeiten, in denen die Maß nur ein paar Pfennige kostete. Und in den Bierpalästen waren starke Frauen, ähnlich ihren Nachfolgerinnen auf dem Oktoberfest, von morgens um sieben bis ein Uhr nachts auf den Beinen, und wuchteten schäumende Maßkrüge auf die gescheuerten Tische. Ihr Lohn: 30 Pfennig – täglich. Trinkgeld durften sie zwar behalten, mußten davon aber Salz, Pfeffer, Zahnstocher und Streichhölzer für die Gäste bezahlen.

Bierpaläste und Bier-Barock: Nicht wenige halten die Münchner Bierpaläste noch heute für die schönsten Zeugnisse klassizistischer Stuck-Architektur des ausklingenden 19. Jahrhunderts. In diesen Großgaststätten wurde gelärmt, geschmaust, vor allem aber Bier getrunken. Wie es zu den Bierpalästen kam? Die großen innerstädtischen Brauereien Münchens verlagerten ihre Brauanlagen vor gut einem Jahrhundert mehr und mehr an den Stadtrand. Und in der Stadt, dort, wo einstmals die Braustätten standen, bauten namhafte Architekten Bierburgen mit Gewölben und viel Stuck, gemalten und geschnitzten Allegorien auf das Bier. In der Neuhauser Straße reihte sich Bierpalast an Bierpalast: Pschorr-, Augustiner-, Paulaner- und Kochel-Bräu. Auch das Hofbräuhaus war nahe. Zuweilen mußte geschlossen werden, weil die Biervorräte ausgegangen waren.

Das Heilwasser aus der Schloßbrauerei Mariabrunn: In Mariabrunn, nördlich von München, ist der Stoff, aus dem das köstliche Bier gebraut wird, ein legendenumwobenes Heilwasser. Es sei gut für die Augen, hieß es, vertreibe Magenschmerzen und Kopfweh. Deshalb kurten hier einst auch »Sissi«, die Erzherzogin Elisabeth von Österreich, reiche russische Großfürsten wie Nikolaus Nikolaijewitsch, später Heerführer im Ersten Weltkrieg, blaublütige Damen wie Vera von Württemberg und der gutbetuchte Baron von Rothschild. Für die Herrin von Maria Brunn, Amalie Hohenester, fügten sich, was die Namen ihrer Gäste vermuten lassen, die Geschäfte mit dem heilsamen Wasser so günstig, daß sie 1870 rund um die Quelle von Bad Mariabrunn die gleichnamige Brauerei errichtete. Heilbad ist Mariabrunn in der grünen Region, durch die einstmals Ludwig Thomas' »Lokalbahn« dampfte, schon lange nicht mehr, doch das Bier, das auf dem Berg mitten in einem Buchenwald ausgeschenkt wird, hat rund um München einen legendären Ruf.

Paul Heyse und die »demokratisierende Macht« des Biers: Beim Maibockausschank im Hofbräu ließ sich der Münchner Nobelpreisträger Paul Heyse stets einen Stammplatz sichern. Und zwischen tiefen Zügen philosophierte er dort ganz gern mal von der »demokratisierenden Macht des Bieres«. Zurückgekehrt an den Arbeitsplatz des Dichters, schrieb Heyse dann auf: »Jeder Arbeiter ist sich bewußt, daß der hochgeborene Fürst und Graf keinen besseren Trunk sich verschaffen könne, als er...« Auf seinen geliebten Maibock reimte Heyse, offensichtlich beflügelt von der verbindenden Kraft des Biers: »... hier finden sich auf brüderlichen Bänken / hoch und gering in traulichem Gemische: / den Knechten nah, die seine Pferde lenken, / der Staaten-

Das Glück im stillen Winkel. Auch am Rande des Spreewalds finden die Genießer ein Plätzchen, um den schönen Tag zu genießen.

lenker vom Ministertische; / Pedell, Professor, Famulus, Student – / du spülst hinweg die Schranke, die sie trennt.«

Thomas Wolfe, Rauschkopf und Schwarmgeist des Biers: »Abends wanderte er durch die Straßen, und ging in die übervollen Lokale. Er suchte den bierumnebelten Lichterglanz, den Lärm der riesigen Restaurants. Er stürzte sich in das brüllende Toben des Hofbräuhauses, schwang mit im Rhythmus dieses lärmenden Lebens, atmete die Luft, badete sich in der Wärme, im Gedränge, in der mächtigen Gemeinschaft dieser riesigen Körper und trank einen Maßkrug nach dem anderen von dem kalten, dunklen Starkbier. Er schunkelte und torkelte, er brüllte, sang und johlte mit der schwankenden Menge und fühlte ein erschreckendes Jubilieren, eine verrückte Lust in sich. Der ungestillte Hunger erfüllte ihn, für den es nie ein Ende und keine Ruhestatt gab.« So steht es im 46. Kapitel von Thomas Wolfes autobiographischem Roman »Geweb' und Fels«, und so hat Thomas Wolfe sein Bierparadies erlebt. Allerdings gab es für den Riesen mit der sensiblen Seele auch eine Begegnung der schmerzhaften Art mit der bayerischen Bierkultur. Auf dem Oktoberfest wurde ihm – ganz sicher nicht ohne eigene Schuld – ein Maßkrug auf den Kopf geschlagen; Wolfe mußte ins Krankenhaus. Damit war Wolfes innige Bierbeziehung zu München aber nun keineswegs auf einen Schlag dahin; für ihn blieb die bayerische Metropole das deutsche Himmelreich.

Stammtisch-Psychologie: Der Hamburger Psychologie-Professor Hugo Schmale rät: »Einmal Stammtisch pro Woche hält dir den Psychiater von der Psyche.« Doch so ein Stammtisch ist erst komplett, sagt Schmale, wenn um ihn herum mindestens fünf Freunde sitzen. Allerdings hört es mit der Gemütlichkeit dann auf, wenn die Stammtischrunde auf mehr als neun Stammtischler anwächst: Die Atmosphäre wird kühl und unpersönlich, der einzelne geht unter, kaum einer mag mehr so recht aus sich herausgehen, jeder fühlt sich beobachtet und bewertet, wagt nicht mehr den Mund aufzumachen, wägt Wort für Wort jede Aussage ab, ist womöglich aber auch auf Wirkung aus und spricht dann wie vor einem imaginären Publikum. Sitzen am Stammtisch allerdings weniger als fünf, erstirbt das Gespräch. Sieben sollten es sein, rät Schmale, sieben, auch für Stammtische eine magische Zahl. Sieben an einem Tisch: das ist der Kreis, in dem es sich reden läßt. Warum? Zu einem guten Stammtischgespräch gehört ein Schuß witziger und provokativer Polemik, die im Kreis der »Sieben« am besten gedeiht. Frotzeln und Motzen hat Methode und gibt erst die richtige Stamm(tisch)würze. Worüber reden? Über alles. Ergiebigstes und meiststrapaziertes Thema ist die große Politik. Der Stammtisch wechselt die goldenen Worte der Großen in kleine, handliche Münze um.

Es ist Feierabend. Auch die Brau-Nonne aus Mallersdorf weiß, was zu den wahren Mußestunden gehört.

Im bayerischen Bier schäumt Lebensfreude mit

Von Hannes Burger

»Als das dunkle Bier abgekommen ist«, sagten die älteren Leute früher, »da war die gute alte Zeit in Bayern vorbei, und die Gemütlichkeit hat sich aufgehört.«

In der Tat war noch bis über die Jahrhundertwende das »Braunbier« die vorherrschende Sorte in Bayern. Erst Ende des letzten Jahrhunderts begann das Helle nach und nach immer mehr das Dunkle zu verdrängen, bis es vorübergehend ganz verschwunden war. Trotzdem wird auch heute noch bei allen Bierfesten mit hellem Festbier oder goldgelbem »Wiesnmärzen« in den hoch erhobenen Maßkrügen aus vollem Hals gesungen: »Ein Prosit, ein Prosit – der Gemüatlichkeit!«

Der unaufhaltsame Siegeszug des Weißbiers von Bayern aus über ganz Deutschland setzte dagegen erst in den letzten Jahrzehnten ein. Im Gegenzug machte sich das Pils vom Faß aus dem Norden her – und seit etlichen Jahren auch wieder aus Böhmen herüber – in Bayern derart breit, daß es auch hier wieder in größerem Umfang als früher gebraut wird. Inzwischen führen mehrere Brauereien auch längst wieder dunkles Bier als flüssiges Schmankerl für gelernte Brotzeitmacher. Doch »die gute alte Zeit« ist deshalb trotzdem nicht zurückgekehrt, und damit sich die Gemütlichkeit nicht ganz aufhört, muß oft erst gekämpft werden, wie der gerichtliche Streit um die Münchner Biergärten zeigt, gegen die immer wieder unleidige Anwohner vor den Kadi ziehen.

An heißen Sommertagen treffen sich die Münchner im Biergarten unter dem Chinesischen Turm im Englischen Garten. Im Schatten der großen Bäume schmeckt das Bier besonders gut.

Insgesamt bieten die großen und kleinen Brauereien miteinander heutzutage in ihren Gaststätten eine solche Vielzahl von Biersorten an, daß der Biertrinker kaum mehr die Übersicht behalten kann, um auch ja für alle festlichen Gelegenheiten das richtige Bier auszuwählen. Auf diese Weise hat aber auch in Bayern das Bier inzwischen einen enormen sozialen Aufstieg genommen und ist – jeweils mit der richtigen Sorte im richtigen Glas zur passenden Speise und zur rechten Zeit – in alle gesellschaftlichen Ebenen und bis in die feinsten Kreise vorgedrungen. Das reicht dann vom gläsernen oder steinernen Maßkrug im Bierkeller oder Bierzelt über die verkleinerte »Euro-Halbe« oder das hohe Weißbierglas im normalen Wirtshaus und die kleinen Pilstulpen in den diversen Bierkneipen oder -bars bis zu den edlen schlanken und besonders damenfreundlichen Gläsern in feineren Restaurants. Früher hatten anständige Frauen und Mädchen normalerweise in einem bayerischen Wirtshaus überhaupt nichts zu suchen, sofern sie nicht dort als Kellnerin arbeiteten. Durften sie aber ausnahmsweise doch einmal mitgehen – sei es in eine Wallfahrts- oder Ausflugsgaststätte und bei einem Fest auf den Tanzboden –, so brauchte es für sie keine eigenen und schon gar nicht besonders feine Gläser. Sie bekamen nämlich gar kein eigenes Bier, sondern durften beim Papa, beim Ehemann oder sonst einem legitimen männlichen Begleiter aus dessen Krug mittrinken. So gesehen hat die fortschreitende Emanzipation der Frau den Brauereien heute eine neue, wenn auch oft noch recht zaghaft zulangende Kundschaft gebracht.

Alle Veredelungen des Biers wie seiner Trinkgefäße rechtfertigen natürlich nicht nur einen höheren Preis und das Vordringen des »ladyliken« Biers bis in die höheren sozialen Etagen der Gourmettempel, sondern die verschiedenen Verkleinerungen der Ausschankmenge haben natürlich auch Nachteile, die der traditionellen Trinkfestigkeit und »Seßhaftigkeit« bayerischer Biertrinker eher zuwiderläuft. Man muß dauernd nach der Bedienung rufen, ständig die Gläser wechseln.

Als beispielsweise dem früheren niederbayerischen Bundestagsabgeordneten Franz Xaver Unertl, Gastwirt und Ökonom aus Bad Birnbach, auf einer Heimfahrt von Bonn nach Bayern im Speisewagen der Bundesbahn erstmals ein Pils vom Faß im Drittelglas aufgetischt wurde, fragte er den Ober erstaunt, ob er denn nicht Maßkrüge oder wenigstens Halbe-Gläser habe, damit er nicht so oft kommen und nachfüllen müsse. Als der Ober das verneinte, meinte der Urbayer Unertl nur achselzuckend: »Mei, mir konn des wurscht sei, wennst es Du derlauffst!«

Seit jenem eigentlich sehr denkwürdigen, aber doch weithin vergessenen Klimasturz im Jahre 1437, als durch jähen Kälteeinbruch und eine anhaltende Frostperiode nahezu alle von den Römern in Altbayern gepflanzten Weinstöcke für immer vernichtet wurden, hat sich – vom unversehrten Weingebiet Unterfranken einmal abgesehen – in ganz Bayern eine gut 500 Jahre alte Bierkultur entwickelt, von der auch

Oans, zwoa, gsuffa – und wo die Musi spielt, da ist auch eine Maß Bier nicht weit (links). Das Bockbier – ein Fest für Bayern. Das besondere Bier wird nicht einfach nur konsumiert, nein, es wird zelebriert (oben).

vieles noch bis heute erhalten geblieben ist, vor allem die Tatsache, daß so ziemlich jedes Fest – vom Kirta (Kirchweih) übers Feuerwehrjubiläum bis zur feierlichen Primiz – ein Bierfest ist, zu dem eine Brauerei das Zelt aufstellt.

Manches hat sich freilich auch verändert. So hat es beispielsweise in weiten Teilen Bayerns bis Ende des vergangenen Jahrhunderts noch mehr als 113 Sonn- und Feiertage im Jahr gegeben, an denen schon einiges an Bier weggetrunken wurde. Gerade die großen Klöster, aber auch die Bischöfe, deren Bistümer eine eigene Brauerei besaßen, waren immer daran interessiert, das fromme Brauchtum und alle überlieferten Anläße für Wallfahrten und Flurprozessionen sowie neben den hohen Kirchenfesten auch niedere Bauernfeiertage zu pflegen – von Lichtmeß bis Kathrein und vom Josefitag über den Aschermittwoch bis zum Osterdienstag und Allerseelen. Heute dagegen gibt es außer den Sonntagen noch ganze 14 Feiertage in Bayern, und selbst um die wird noch gefeilscht.

Zusätzlich wollten aber auch die Wittelsbacher Könige im letzten Jahrhundert die noch weithin fehlende Verbundenheit der von Kaiser Napoleon künstlich in einem Königreich Bayern zusammengeschlossenen Volksstämme aus Baiern (Altbayern), Pfälzern, Franken und Schwaben innerlich mit Gemütsbanden festigen. Diese noch junge und empfindliche königlich-bayerische Staatspflanze mußte natürlich kräftig begossen werden, bis sie ein sturmfester bayerischer Nationalbaum werden konnte. Deshalb begrüßten es die Herrscher und noch mehr die Hofschranzen und Staatsbeamten, wenn auch bei einer ganzen Reihe von weltlichen Festen die nur mäßig voranschreitende königlich-bayerische Vereinigung der vier Stämme nicht nur mit trockenen vaterländischen Ansprachen an irgendwelchen Siegessäulen, Friedensengeln oder Kriegerdenkmälern vorangebracht und »festgeredet« wurde. Eine weit wirkungsvollere Verbrüderung erhoffte man sich natürlich, wenn die noch recht mißtrauischen bayerischen Patrioten nach den farbenprächtigen Aufmärschen und glühenden Reden landesweit auch mit einigen frisch gezapften Fässern »flüssiger Lebensfreude« – sei es Bier oder Wein – in Biergärten oder Weinstuben, in Wirtshäusern oder Bierzelten auf das Wohl Bayerns und seines Königs anstießen. Und wenn keiner mehr alleine stehen konnte, hob das halt auch das Gefühl der schicksalhaften Zusammengehörigkeit.

Darüber hinaus mußte man auch den vom preußischen Reichsminister Bismarck mehr oder weniger erpreßten, von den deutschnationalen Franken bejubelten, aber von vielen altbayerischen Patrioten keineswegs mit Begeisterung aufgenommenen Eintritt Bayerns in das Deutsche Reich immer wieder mit feuchtfröhlichen »Hurra-Feiern« begießen lassen. Aus all diesen Gründen der bayerischen und deutschen Staatsraison – aber natürlich auch der regionalen Wirtschafts- und Landwirtschaftsförderung zuliebe – haben die regierenden Wittelsbacher sowohl bei den »Weinfranken« und Pfälzern den Weinbau samt -absatz gefördert, als auch bei den Altbayern (inklusive Oberpfalz), den Schwaben und »Bierfranken« das Brauwesen und den Bierabsatz. Erheblich leichter als das friedliche Zusammenleben der vier Stämme gelang unter der »Liberalitas Bavariae« im bayerischen Königreich das friedliche Nebeneinander von Bier und Wein. In der »Bierhochburg« München zum Beispiel entstanden im letzten Jahrhundert zahlreiche fränkische und Pfälzer Weinstuben, um damit auch die dortigen Winzer als Untertanen des Bayernkönigs zu fördern. Und bei den meisten großen Bierfesten in Bayern wird jederzeit auch Wein ausgeschenkt – eine Liberalität, die man kaum in einem klassischen Weinanbaugebiet findet. Darum ist es nun mehr als billig und gerecht, daß auch die bisherigen »Weinreservate« in der gehobenen Gastronomie nach und nach für feine Biersorten geöffnet werden. Und daß sich sogar Meisterköche wie Alfons Schuhbeck für die Weißbier-Werbung nicht zu gut sind.

Auf dem Münchner Oktoberfest dominiert ganz klar das Bier. Das Oktoberfest ist deshalb allgemein als das Fest des Münchner Biers anerkannt. Es hat eine patriotische Entstehungsgeschichte aus der ersten Zeit des neuen Königreiches zu Beginn des 19. Jahrhunderts. Aus einem zum Volksfest gestalteten Pferderennen zu Ehren der Hochzeit des Kronprinzen Ludwig und seiner Braut Therese ist vor rund 180 Jahren der sogenannte »bayerische Nationalrausch« entstanden: Als Münchner Oktoberfest (oder auch kurz »Wiesn«) ist dieses mittlerweile größte Bierfest der Welt weit über Bayern hinaus berühmt geworden.

Kloster Reutberg in Oberbayern – wie eine Feste liegt es da. Hinter den hohen Mauern wird nicht nur fromm gebetet, Reutberg gehört zu den letzten Klosterbrauereien in Deutschland.

12.000 Menschen werkeln zwei Wochen lang auf dem

Oktoberfest. Sie zählen Bons, verkaufen Brezen, spülen Krüge und preisen Fischsemmeln an. Vier Fünftel davon sind Hilfskräfte, Urlauber auf Schwerarbeit – und sie erledigen ihren Job auch noch mit Vergnügen. Für viele sind diese hektischen Tage die schönsten im Jahr. Weil außer der Gaudi auch noch die Kohle stimmt. Und der Betrachter dieses bunt-lärmenden Wiesn-Ambientes, von weither angereist, fragt sich beim Anblick der Bedienung, die fünfzehn Maßkrüge durch das Zelt-Gewirr stemmt, wie irgendein Mensch auf die Idee kommen konnte, daß es sich bei Frauen um das »schwache Geschlecht« handeln könnte.

Natürlich gehören zur bayerischen Bierkultur natürlich durchaus gelegentlich auch laute Volksfeste. Laut zum einen der versammelten und angeheiterten Menschenmenge wegen, die ihren eigenen Geräuschpegel gegenseitig überschreit. Laut ist es beim Oktoberfest und anderen Volksfesten zum anderen aber

Der eine genießt sein Bier am Feierabend in beschaulicher Ruhe ...

... dem anderen schmeckt's am besten in der feuchtfröhlichen Stammtischrunde.

Doch auch im Wirtshaus gibt es ruhige Ecken, in denen stille Zecher über Gott und die Welt nachgrübeln können.

auch, weil bislang selbst 36 Mann starke Blaskapellen glaubten, sich ohne voll aufgedrehte Verstärker- und Lautsprecheranlagen nicht mehr verständlich machen zu können. Maximal sind noch 90 Dezibel erlaubt.

Aber zur eigentlichen Bierkultur gehören mindestens ebenso die zahllosen kleinen Feste – von der Einweihung hier, dem Jubiläum da und einem Richtfest dort. Dazu gehören ferner die Wallfahrten und Ausflüge und ganz besonders die in kleinen grünen Oasen der Großstädte beliebten gemütlichen Biergartenabende an warmen Frühlings- und Sommertagen. Diese sind ja entstanden, weil die Brauereien in der Zeit vor den großen elektrischen Kühlhäusern ihr Sommerbier in kühlen, stollenartigen Kellern gelagert haben, meist an Hängen über Flußtälern wie der Isar in München. Damit diese nicht so leicht von der Sonne aufgewärmt wurden, hat man sicherheitshalber darüber auch noch schattenspendende Bäume wie Linden, Ahorne oder Kastanien gepflanzt. Von da war es nur noch ein kleiner Schritt bis zu der Erkenntnis, daß das Bier nirgends so gut schmeckt wie über den kurzen Weg aus dem Keller gleich frisch gezapft unter diesen schattigen Bäumen. Der ursprüngliche Grund, nämlich lieber mit seiner Brotzeit im Korb zum kühlen Bier hinzugehen, statt es in der Sommerhitze durch die Stadt zu kutschieren, ist zwar heute weggefallen, aber das angenehme Lebensgefühl bei einem gemütlichen Abend im Biergarten ist geblieben. Da kann es natürlich überall – mit oder ohne Musi – nicht nur lustig und feuchtfröhlich, sondern auch laut zugehen, aber halt doch ohne großen Rummel und ohne dröhnende Lautsprecherbeschallung.

Ähnlicher Beliebtheit wie die Biergärten erfreuen sich auch die Gärten und Schankstätten rund um die Schlösser, Burgen und die vielen schön gelegenen Landbrauereien in allen Teilen Bayerns, aber insbesondere auch in den noch bierbrauenden Klöstern. Zum heiligen Berg von Andechs beispielsweise pilgern jedes Jahr viele Tausende nicht nur der schönen Marienkirche wegen, sondern nicht zuletzt wegen des ausgezeichneten Andechser Biers, das natürlich auch nirgends so gut schmeckt als in der originalen Atmosphäre seiner Braustätte. Ähnliches gilt für die ehemals klösterliche und heute staatliche Brauerei Weihenstephan bei Freising sowie für das Kloster Weltenburg vor dem Donaudurchbruch – der berühmten Weltenburger Enge – in der Nähe von Kelheim. Hier rasten unter anderem die Donau-Floßfahrer, bevor sie auf kleine Schiffe umsteigen und mit diesen durch das felsige Naturdenkmal fahren.

Genauso legitimer Bestandteil bayerischer Bierkultur ist aber auch der stille Zecher, der manchmal an einem ruhigen Stammtisch sitzt und im kleinen Kreis, ja manchmal sogar alleine viel lustiger gestimmt ist als eine laute Gesellschaft mit oft recht aufgesetzter Fröhlichkeit. Der stille Zecher sitzt aber mitunter auch nur eher nachdenklich vor seiner Maß da und sinnt als Bierphilosoph über Zeit und Welt nach. Oder er tauscht mit seinen Nachbarn nur relativ wortkarg grantelnd kurze, witzige Kommentare über irgendwelche komischen Leute und ungewöhnliche Vorgänge im Blickfeld aus. Dies kommt in einem alten Witz treffend zum Ausdruck: Ein Preuße versucht an einem Wirtshaustisch lange vergeblich, mit drei nahezu stumm vor ihrem Bier sitzenden Bayern in

Zur Erntezeit strömten bis in die Mitte unseres Jahrhunderts Tausende aus den kargen ländlichen Regionen in die Anbaugebiete zum Hopfenzupfen. Kost und Logis waren frei.

ein Gespräch zu kommen. Erst als die Heilsarmee mit der Sammelbüchse vorbeikommt und der Preuße gleich fünf Mark hineinwirft, sagt einer der drei bayerischen Bierphilosophen freundlich abwehrend zum Sammler: »Mir ghörn zamm!«

Der Normalfall des gemütlichen Bayern ist nämlich nicht der schuhplattelnde, krachlederne Gaudibursch und auch nicht das drall-doofe jodelnde Madl mit dem weit ausgeschnittenen Dirndl und üppigem Holz vor der Hüttn, die eher den leider so beliebten Kitschpostkarten entsprungen sind: Bei jedem Bierfest klopfen sie sich dauernd unheimlich zünftig und laut kreischend auf die Schenkel, springen bei jedem Ohrwurm gleich auf die Bänke, plärren über die Nachbartische hinweg »I här nix, weils so laut is!« und gröhlen sich aus heiserer Kehle ein »Prosit der Gemütlichkeit« nach dem anderen zu. Den meisten Bayern wäre es am liebsten, wenn man solches Verhalten einer falsch verstandenen Bierseligkeit nur den Preußen ankreiden könnte, aber auch dieses Klischeebild verzerrt die Wirklichkeit, denn es sind fast immer ein paar Einheimische dabei.

So lustig er als Karikatur auch auf vielerlei Illustrationen dargestellt wird: Der Maßkrug schwingende, besoffen torkelnde und Schwachsinn lallende »laute Zecher« mit dem großen Bierrausch ist beileibe nicht der typische Bayer. Falls es diesen überhaupt gibt, dann weiß er nämlich sein Bier zu genießen – und er verträgt es normalerweise auch, weil er es in Ruhe trinkt und zuvor für eine »gute Unterlage« im Magen sorgt. Das schließt natürlich einen gelegentli-

chen, mit stiller Würde getragenen »Zacken in der Krone« oder ein wackeliges »Fuader Heu« beim Heimgehen nicht unbedingt aus.

Wie im alten Babylonien und in Ägypten galt Bier auch in Bayern seit Jahrhunderten als Volksnahrungsmittel. Darum haben beispielsweise nicht nur die Patres, sondern alle in der Land- oder Forstwirtschaft, im Bauwesen oder anderen Handwerksberufen arbeitenden Klosterbrüder oder weltlichen Mitarbeiter der Klöster üblicherweise pro Tag fünf Maß Bier zugeteilt bekommen. Bei den Brauereien sowieso, aber auch in manch anderem Gewerbe gehörte früher eine gewisse Bierzuteilung zum Bestandteil der Löhnung. Diese Leute waren aber ihre tägliche Bierration von fünf bis zehn Maß Bier gewöhnt und sie haben es auch Maß für Maß wieder körperlich abgearbeitet, so daß davon keiner betrunken wurde.

Früher, als die Bauern noch genug Dienstboten hatten, war es auch üblich, daß die »Herrenbauern« am späteren Nachmittag den Hut aufsetzten, ihren Hacklstecken ergriffen und an den Stammtisch ins Wirtshaus schritten, wo sie unter ihresgleichen die Politik im allgemeinen und die Agrarpolitik im besonderen bei ein paar Maß ausdiskutierten. Ähnlich verhielten sich in den kleinen Städten die wenigen Akademiker – meist der Pfarrer, der Doktor, der Apotheker und der Lehrer, mancherorts auch »die vier Sakramenter« genannt –, wenn sie an ihrem Stammtisch im Wirtshaus über die schlechten Zeiten disputierten, bevor sie dann wie die Bauern zum Kartenspielen übergingen.

Die »kleinen Leute«, die sich Wirtshausbesuche aus zeitlichen und finanziellen Gründen während der Woche nicht leisten konnten, sparten ihre Bierpfennige für den Sonntag und die Feiertage. Früher gingen nur die besseren »Herrschaften« und die wohlhabenden Bürger in den Städten gelegentlich zum Speisen in ein Gasthaus. Die einfachen Leute kamen zum Essen allenfalls bei größeren Festen der Familie oder der Nachbarschaft ins Wirtshaus: zu einer Tauftafel, einem großen Hochzeitsmahl (meist mit Mahlgeld) oder einem Leichenschmaus. Ansonsten ging man meist nur zum Biertrinken ins Wirtshaus: Jeden Sonntag strömten die Männer – spätestens – nach dem Amen des Pfarrers in der Kirche hinüber auf die andere Seite des Dorfplatzes zum Frühschoppen beim Wirt.

Die katholische Kirche und die Klöster waren in Bayern durch Jahrhunderte hindurch mit dem Brauwesen und den Bierfesten ebenso eng verbunden wie die Prälaten mit dem wohltätigen Bräu und die meisten ständig bettelnden Pfarrer mit ihren spendablen Wirten am Ort. Kirche und Wirtshaus stehen deshalb in Bayern nicht zufällig in den meisten Städten und Dörfern jeweils auf dem gleichen Platz in friedlicher Koexistenz nebeneinander oder gegenüber. Ob sie wollten oder nicht, ob sie sich auch mochten oder nicht – der Pfarrer und der Wirt arbeiteten sich immer gegenseitig in die Hand und am besten, wenn sie es absichtlich taten.

Vom Maibaum-Aufstellen über zahllose Volksfeste, Dulten, Kirchweihfeste bis zum Oktoberfest: Die Bayern kennen viele Anlässe zum Feiern. Dabei fehlen dürfen nie die obligatorischen Riesenbrezn und selbstverständlich das Bier, das an solchen Tagen oft wie anno dazumal mit der Pferdekutsche herbeigeschafft wird.

Ein weiterer regelmäßiger Wirtshaustermin für die Männer – sofern sie es sich zeitlich oder finanziell leisten konnten – war auch immer der Dämmerschoppen am frühen Abend. Doch während der nord- oder westdeutsche Mann eher eine Stehkneipe bevorzugt, wenn er auf dem Heimweg noch die Tränke aufsucht, setzt sich der Bayer lieber hin zum Umtrunk und geht danach entspannt zum Essen heim. Manche blieben allerdings oft auch gleich den Rest des Abends sitzen nach dem Motto: »Des bißerl, was ich eß, kann ich auch trinken.«

Oft ging man früher auch erst abends nach dem Essen zum Stammtisch oder zu Versammlungen ins Wirtshaus. Das blühende Vereinsleben in Bayern wäre früher ohne die Wirtshäuser ebensowenig vorstellbar gewesen wie die bayerische Politik. Erst mit der umstrittenen Errichtung zahlloser sogenannter »Vereinsheime« – auch Pfarr-, Jugend- oder Sportlerheime – in den letzten Jahrzehnten sind diese Vereine von den Wirten unabhängig geworden und haben damit bedauerlicherweise auch den größeren, mit Saal ausgestatteten Gaststätten gerade in Dörfern und Kleinstädten auch viele Versammlungen, Feste und Bälle entzogen: Somit blieb das für die Existenz notwendige Geschäft aus. Auch darin liegt eine Ursache des großen Wirtshaussterbens in Bayern.

Zur bayerischen Bierkultur gehören die gemütlichen Biergartenabende. Entstanden sind die grünen Oasen der Großstädte in der Zeit vor den großen elektrischen Kühlhäusern. Die Brauereien, die ihr Bier in kühlen Kellern gelagert hatten, pflanzten sicherheitshalber noch schattenspendende Bäume darüber. Bald erkannte man, daß dort das frisch gezapfte Bier am besten schmeckt ...

Das Wirtshaus war in Bayern immer in erster Linie ein geselliger Treffpunkt, ein kulturelles und soziales Zentrum des Dorfes, der Stadt oder des Stadtviertels. Im Soziologen-Chinesisch von heute würde man es schlicht ein »sozio-kulturelles und multimediales Kommunikationszentrum« nennen – oder so ähnlich. Häufig übernahm der Wirt – je nach Begabung – auch teilweise die Unterhaltung seiner Gäste, sei es, daß er selbst musizierte, lustige Gstanzl sang oder indem er als selbstbewußter Gastgeber in einer witzigen Begrüßungsrede die »Großkopferten« am Ort – also die Honoratioren oder die »Prominenten« – zum Gaudium der kleinen Leute »hinaufgeschossen« oder »derbleckt« (norddeutsch: auf die Schippe genommen) hat. Aus diesem Brauch des »Wirtshausderbleckens« – heute wieder bei Bauernhochzeiten im »Aussingen« der Geschenke bringenden Gäste durch den Hochzeitslader praktiziert – entstand auch das weit über Bayern hinaus berühmt gewordene »Politiker-Derblecken« beim jährlichen Salvatoranstich der Paulaner Brauerei auf dem Nockherberg, der von vielen bayerischen Brauereien begangenen Starkbiersaison in der Fastenzeit.

Im Wirtshaus wurden aber früher nicht nur gelegentlich Politiker derbleckt, sondern hier wurde auch die bayerische Politik direkt gemacht: Es wurden Parteien ebenso gegründet wie Bauernverbände oder Gewerkschaften, hier wurden deren Satzungen und Programme ausdiskutiert, Proteste, Resolutionen und Aktionen beschlossen, vor allem aber Versammlungen und Kundgebungen abgehalten. Im Wirtshaus hat man geweint und gelacht wie im wirklichen Leben: Hier wurden Chorabende und Volkstheater aufgeführt, Revolutionen ausgerufen oder wieder abgesagt, politische Siege mit vor Bier überschäumender Freude begossen oder hopfenbittere Niederlagen hinuntergespült ins große Vergessen. Das Bier hatte damit auch immer eine gesellschaftspolitische Triebkraft. Im Maßkrug schäumte freilich nicht immer nur Lebensfreude, sondern es tropfte halt auch manche Träne ins Bier.

Dies alles waren weitere Gründe dafür, warum früher die meisten Wirtshäuser fast nur vom Bierausschank lebten. Darum darf man ja auch traditionell in einen Münchner Biergarten die Brotzeit selber mitbringen, weil es eben den Wirten, vor allem aber den Brauereien früher nur auf den Bierabsatz ankam. Allerdings konnten die Wirte damals auch noch vom Bierausschank allein leben. Das ging früher unter anderem auch deshalb recht gut, weil die Bayern zu Zeiten, als sie noch mehr körperlich gearbeitet haben und zudem noch nicht Autofahren mußten, weit mehr von der flüssigen Nahrung verkraften konnten. »Kathi zahlen!«, sagte einmal der Pfarrer spät abends im königlich-bayerischen Bierland zur Bedienung. Die zählte zusammen: »Des wärn dann 36 Halbe, Herr Pfarrer...« Ärgerlich brummte der Hochwürden zurück: »Ich wollt doch nicht wissen, wieviel ich getrunken hab, sondern nur, wieviel es kostet!«

Das Klischeebild des Bierzeltes schlechthin: Tradition, Urwüchsigkeit, ein Schmäh auf den Lippen. August Jartzyk und Albert Rommaniki werfen sich fürs Oktoberfest voll in »Wichs«.

PAULANER
MÜNCHEN

Am Becher erkennt

von Uwe-Jens Schumann

Krug aus Elfenbein mit geschnitzten Nürnberger Ansichten und vergoldeter Silbermontierung. Süddeutschland, Ende 19. Jahrhundert.

Trinkhorn aus farblosem Glas, um 1840, mit floraler Mattschnittverzierung. Eine kostbare Glasbläserarbeit, die sich ein süddeutscher Großbürger anfertigen ließ.

Am Becher erkennt man den Zecher. Dieser Spruch, auf einen alten Tonkrug gemalt, galt und gilt für alle Epochen der Bier-Trinkgefäße. Seit den frühen Tagen der Römer und Griechen sind stilvolle und kostbare, originelle und kuriose Becher für den kühlen Trunk Ausdruck der Trinkkultur. Orgien von Prunk und Reichtum, Urtypen der primitiveren Art, Stilschönheiten des Barock und der Renaissance, kostbare Fayencen und bauchige Eulenkrüge – das »Drumherum« des Biers hat schon immer die hohe Kunst der Tonschöpfer und Glasbläser, der Kannenformer und Becherschmücker verlangt. Ton, Edelmetall und Bergkristall, Glas, Elfenbein und Zinn – die Materialien stiegen und sanken in der Beliebtheit, je nach Zeitgeist, je nach Geschmack. Bis zu fünfstellige Summen werden heute bei Auktionen für die frühen Zeugnisse der Trinkkultur bezahlt, besonders kostbar jene Becher und Gläser, denen ihre Meister den Stem-

man den Zecher

Daubenkrug mit Zinnmontierung aus Süddeutschland, 1. Hälfte des 19. Jahrhunderts. Meisterstück aus einer fränkischen Werkstatt.

Pokal aus Glas mit aufwendiger floraler Gold- und Emailmalerei. Aus dem Bayerischen Wald, Ende 19. Jahrhundert.

pel aufgedrückt haben. In Deutschland florierte spätestens ab dem 16. Jahrhundert das Trinkgefäß-Gewerbe, Kunsttöpfer ihrer Zeit wurden in die Gilde gefragter Künstler aufgenommen. Zentren dieser Kunst waren Oberfranken (insbesondere Kreußen) und das Rheinland (Frechen, Köln und Siegburg). Heute, da diese Kunst weitgehend zur einfachen Glasform minimiert worden ist, sieben die größten Glasmanufakturen Europas im sogenannten Kannenbäckerland (Westerwald) und im bayerischen Zwiesel. Aber auch hier sind Designer bemüht, sachlich und dezent im Dekor ein paar Formen zu entwerfen, die die gewohnte Bierglasnorm durchbrechen. Feinster Kristallschliff oder popiges Emblem – auch Biertrinker sind da für ein bißchen Abwechslung dankbar. Erst recht, wenn's besonders gut mundet. Die hier abgebildeten Krüge, Humpen und Gläser stammen alle aus der Rastal-Sammlung historischer Trinkgefäße.

Humpen aus Feinsteinzeug mit reliefierter Orts- und Burgendarstellung. Mettlach, 1900

Kugelbauchkrug aus salzglasiertem Steinzeug. Kunstvolle Auflagen, blau und mangan bemalt, mit Zinndeckel. Westerwald, Ende 17. Jh.

Seidel aus rotem Glas, mit Beinglas überfangen, Kugelschliff. Deutschland, 19. Jh.

Glasseidel, mit Silberbeize gelb gefärbt, mit Schliff und Schnitt, Pferd mit Hund. Nordböhmen, 19. Jh.

Glasseidel mit aufgelegten Brombeernuppen und umlaufendem Kerbband. Deutschland, 19. Jh.

Spielkartenglas mit Emailmalerei. Thüringen, datiert 1727

Humpen mit sächs.-poln. Allianzwappen. Sachsen, 18. Jh.

Bierkrug aus Feinsteinzeug, farbig bemalt. Mettlach, datiert 1909

Blauer Glasseidel mit Emailmalerei. Süddeutschland, 1840

Glasseidel mit Porträt von Friedrich dem Großen im Mattschliff. Mitteldeutschland, 1780

Kurfürstenhumpen. In Emailmalerei Kaiser Leopold mit den sieben Kurfürsten. Franken, 1664

Paßglas aus farblosem Glas mit gekerbten Glasfäden (»Pässen«). »Pässe« galten als Maß – für jeweils einen Schluck. Deutschland, 17. Jh.

Walzenkrug aus Fayence, farbig gemalte Blumendame. Dresden, um 1770

Humpen aus Serpentin-Stein mit Zinnmontierung. Sachsen, 17. Jh.

Bierkanne der »Tentonia«-Studentenverbindung. Deutschland, 1890

Scherz-Krug, mit eingearbeitetem Glaszapfen. Deutschland, 18. Jh.

Humpen aus Steinzeug, emailbemalt. Annaberg, 17. Jh.

Glasseidel, Zinnummantelung. Deutschland. Ende 19. Jh.

Warum Bier schmeckt oder auch nicht

von Dietrich Höllhuber

Da bestellt man sich in einer fremden Stadt ein Bier von einer Brauerei, die man nicht kennt, und findet das goldgelbe, schäumende Getränk, das die Kellnerin auf den Tisch stellt, nicht so besonders. Es schmeckt einfach nicht, wie ein Bier schmecken sollte. Es riecht komisch, ist nicht vollmundig, sondern breit, nicht feinhopfig, sondern schwach gehopft, nicht frisch wie ein Pils... Wir hatten doch ein Pils bestellt? Wie sag ich's der Kellnerin, daß mir ihr Bier nicht schmeckt? Man sollte doch mehr über Bier wissen, was ein gutes Bier ist und warum.

Die Brauwissenschaftler haben bisher mehr als 490 Geruchskomponenten entschlüsselt, die zum Gesamteindruck eines Biers beitragen. Aber nur eigens trainierte Prüfer können einige dieser Gerüche, beileibe nicht alle, unterscheiden und benennen, und das nur unter besten subjektiven Bedingungen. Wie also sollen nun wir Laien zwischen gut und schlecht unterscheiden können? Nur Mut – denn es gibt auch für uns durchaus ein paar objektive Kriterien.

Wichtiges Kriterium für die Güte eines Biers ist neben der richtigen Trinktemperatur, der Festigkeit der Schaumkrone und der sortentypischen Farbe vor allem das richtige Zusammenspiel der einzelnen Geschmacksfaktoren, die einer Biersorte ihren Charakter verleihen.

Vieles, was die Qualität Ihres Bieres ausmacht, ist für Sie erkennbar, bevor Sie überhaupt einen Schluck genommen haben.

Wenn Ihr Wirt Faßbier führt, dann beachtet er sicher alle wichtigen Regeln für Lagerung und Anstich. Vom Faßkeller bis zur Theke muß alles stimmen: Technik und Sicherheit, Hygiene und Sauberkeit. Das Reinheitsgebot gilt nicht nur für den Brauprozeß, sondern auch für den Umgang mit dem Produkt. Und am Ende des Weges vom Sudhaus bis zum Zapfhahn sorgt der Wirt dafür, daß Ihr Bier mit der richtigen Temperatur ins Glas kommt, nämlich mit 8 Grad Celsius, keinesfalls bei einer höheren Temperatur.

Das Bier, das er Ihnen nun serviert, ist nicht nur von einer festen Schaumkrone gekrönt, es zeigt auch durch feinperlige Bläschen, die am Glasinnenrand aufsteigen, daß noch Kohlensäure im Pils ist, daß es wahrscheinlich frisch schmecken wird. Keine Bläschen? Sie haben abgestandenes oder viel zu lange gezapftes Bier bekommen! Die Schaumkrone ist für Pils unabdingbar, aber nicht für Biere allgemein. Die fränkischen Kellerbiere und das Rauchbier der Bamberger Gegend haben beispielsweise keinen oder kaum Schaum und schmecken doch nicht schal oder flach wie ein abgestandenes, schaumloses Pils!

Die Farbe Ihres Biers ist – wie der Schaum – von der Sorte abhängig. Unser Pils ist hellblond und völlig glasklar, es ist normalerweise so gut gefiltert, daß sich Schwebstoffe, also feste Bestandteile, nicht mit freiem Auge erkennen lassen. Andere Biere sind rötlich, wie die Bockbiere, oder schwarz, wie die Stouts, alle haben sie als warm empfundene Farbtöne.

Nun aber: Prosit! Nach dem ersten Schluck setzen sich im Antrunk allmählich Zungen-, Gaumen-, Naseneindrücke durch. Die Nase hatte vorher schon zu tun, hat den Schaum geprüft und ihn für gut oder weniger gut riechend befunden, ihn als frisch und hopfig oder dumpf eingestuft.

Der von Zunge und Nase bestimmte Antrunk hat vier Geschmackskomponenten, die von der Zunge differenziert werden. Es sind dies Säuren, wie die Fettsäuren, Bitterstoffe, wie jene des Hopfens, Süße, wie sie im Malz vorkommt, und Salze, die in Spuren auch das süßeste Malzbier enthält. Die Schwellenwerte für diese vier Geschmacksempfindungen sind je nach Biertyp verschieden, es kommt auf den »Hintergrund« der anderen Komponenten des Biers an. Ein sehr malziges, süßes Bier verträgt eine gute Portion kräftiger Bittere, die bei einem hellen, leichten Pils schon tödlich wäre. Dort kann man mit wesentlich geringeren Portionen an Bittere arbeiten, muß dafür aber Aromahopfen kaufen, keinen Bitterhopfen.

Wesentlich schwieriger in ihrer Bedeutung für ein Bier zu beurteilen sind die Geruchskomponenten, das Aroma des Biers. Säuren und Ester, Fettsäuren und Schwefelverbindungen sind von Bier zu Bier verschieden. Kaum zu glauben, welche unterschiedlichen Aromahintergründe dieses Getränk aus Hopfen, Malz, Wasser und Hefe aufweisen kann! Die Anzahl der Aromakomponenten, die im Bier enthalten sind, ist noch nicht bekannt, fast 500 wurden bereits bestimmt. Hier liegt das eigentliche Problem bei der Bewertung von Bier.

Ein Beispiel: Schwefelgeruch verbinden wir nicht gerade mit einem gelungenen Bier. Bier ohne Schwefelverbindungen gibt es aber nicht. Schwefelverbindungen riechen nicht unbedingt nach Schwefel, darin liegt die Erklärung für diesen scheinbaren Widerspruch. Ins Bier kommen Schwefelverbindungen durch die Gerste, vor allem aber durch den Hopfen.

Wenn uns ein Bier einmal nicht so gut schmeckt, weil es einen Nebengeschmack hat, etwas brotig schmeckt, zu brandig, dann ist häufig eine Schwefelverbindung daran schuld, die sich im Gesamtaromabild des Biers zu stark durchsetzt.

Andere wichtige Bierkomponenten: Fettsäure und Ester. Wie kommt das Fett ins Bier? Ganz einfach: über die Fettbestandteile des Gerstenkorns und die Hopfenöle. Aber Fettsäuren, das müssen wir uns ganz klar vergegenwärtigen, riechen und schmecken nicht unbedingt nach Fett.

Ester sind die wichtigsten Aromaträger des Biers. Sie sind Produkte chemischer Reaktionen von Säuren und Alkohol, bei stärkeren Bieren werden folglich mehr aromafördernde Ester produziert als bei leichten Bieren. Man hat im Bier bisher mehr als hundert verschiedene Ester nachgewiesen, und insbesondere der fruchtige Bestandteil guter Biere, vor allem des deutschen Altbiers, ist auf die Ester zurückzuführen.

Manche Biere sterben, wie die Fachleute sagen. Das heißt, sie sind schal und ohne jegliche Spritzigkeit. Man sollte ihnen nicht nachweinen und zu einem anderen Bier übergehen. Ein gutes Bier aber soll nach dem letzten Schluck einen Eindruck von Hopfenbittere auf der Zunge hinterlassen. Hopfen hat ja nicht nur Aromaqualitäten, die schon während des Antrunks deutlich werden, sondern vor allem auch Bitterstoffe. Die Zunge, vor allem der hintere Bereich und der obere Hintergaumen brauchen etwas länger, um die Bittere wahrzunehmen als die schnell arbeitende Nase. So wird uns meist erst im Nachtrunk, eben im Finish des Trinkens, deutlich, wie denn die Qualität der Hopfenbittere war. Streng und unangenehm bitter? Oder

Die Schmuckstücke einer jeden Gastwirtschaft: die Zunftzeichen und Aushängeschilder. Meist haben ihre kunstvolle Schmiedearbeit und das Design eine lange Tradition. Der Gastwirt, der sich heute noch so ein kunsthandwerkliches Schild vor die Tür hängt, muß tief in die Tasche greifen: Bis zu 40.000 Mark kosten die sichtbaren Insignien der Brauzunft.

Brauschänke
Weisses Bräuhaus

Gatzweilers Alt
Goldener Anker

Museums-Brauerei
Schmitt
seit 1885

Zum Reichelbräu
Reichelbräu
Kulmbach

Sternenbr
S

Maisel
Bräu
Bayreuth

Aecht Schlenkerla Rauchbier
Aecht Schlenkerla Rauchbier

Gast-haus
GOLD HECHT
Hotel

zart und dennoch deutlich? Im Einklang mit dem Charakter des eben getrunkenen Biers oder im Gegensatz dazu zu schwach, wo ein körperreiches Bier starke Hopfung erwarten ließ, zu bitter, wo ein leichtes Bier eher geringe Hopfenbitterwerte vertragen hätte, zu stark, wo ein ohnehin nicht sehr komplexer Aromaeindruck nun endgültig von der Hopfenbittere überlagert wird? Auch hier gilt: Der Eindruck der Hopfenbittere muß mit dem Gesamteindruck des Biers im Einklang stehen, er darf nicht hervorstechen, sonst empfinden wir ihn als störend und das Bier ist für uns insgesamt unbefriedigend. Klare Fehler sind hier ziemlich eindeutig: Ein Bier ohne nachklingende Bittere (bzw. ohne Nachtrunk) ist genauso ein Fehlbier wie eines mit besonders aggressiver und trotz mehrmaligen Schluckens sich nicht vom Gaumen lösender Bittere.

Was den Berlinern ihre Weiße, ist den Leipzigern ihre Gose: Auch in Leipzig aromatisiert man den Gerstensaft gerne mit Himbeersirup oder Waldmeisteressenz (rechts).
Der »Nachtrunk« eines Biers sagt viel über seine Qualität aus: Ein gutes Bier soll nach dem letzten Schluck einen Eindruck von Hopfenbittere auf der Zunge hinterlassen. Dieser darf nicht zu zart sein und auch nicht zu stark: Er muß dem Charakter des Biers entsprechen.

Ein einfaches Helles oder Export braucht eine deftigere Hopfenbittere als ein Pils. Und auch beim Pils gibt es unterschiedliche Geschmacksrichtungen: Wer ein hanseatisch bitteres Pils schätzt, will auch eine kräftigere Bittere im Nachtrunk. Wer hingegen ein hopfenaromatisches Pilsner nach Sauerländer Art schätzt, der will im Finish nicht durch hohe Bitterwerte erschlagen werden. Der Gesamtcharakter des Biers bestimmt den Typus der Bittere im Finish!

Also: Was ist ein gutes Bier? Wir haben einige wesentliche Züge der Beurteilung gefunden: Die einzelnen Geschmackskomponenten müssen sich vor dem allgemeinen Geschmackshintergrund abrunden, keine Komponente darf dominieren.

Die sortentypische Gewichtung von Komponenten muß eingehalten sein, zarte, leichte duftige Biere vertragen nur geringe Bitterwerte, stärkere Biere vertragen höhere Bitterwerte, höhere Vollmundigkeit verlangt größeres Spiel des Aromas.

Ein reintöniges Bier ohne erwähnenswertes »Spiel« der Aromakomponenten ist ein korrektes, aber kein gutes Bier.

Ein Bier ist erst wirklich »gut«, wenn es in Anmutung, Antrunk und Finish differenziert und komplex ist. Komplexität bedeutet, daß die einzelnen Aromakomponenten im Bier so miteinander verbunden sind, daß keine einzelne besonders hervorsticht, ein

Welches Bier schmeckt und welches nicht – das ist nach allen sachlich-objektiven Kriterien auch immer noch eine subjektive Einschätzung: Der Biergeschmack bleibt individuell.

einigermaßen trainierter Bierkenner aber die einzelnen Komponenten unterscheiden kann – um daran seine Freude zu haben (wozu sonst trinken wir Bier?).

Aber eines muß man festhalten: Es gibt eigentlich keine eindeutig schlechten Biere mehr, weil die umfangreichen Kontrollen eklatante Geschmacksfehler von vornherein ausschalten. Kein Bier schmeckt mehr nach Pappe oder Schwefelsäure, Moder oder Acetylsäure. Daß ein Bier schmeckt, heißt aber noch nicht, daß es interessant ist. Und, davon ging diese kurze Beschreibung von Geschmack und Geruch des Biers aus. Bier soll Spaß machen, interessant sein, nicht nur normierter Durstlöscher. Aber festhalten muß man: Es ist gut, daß auch der Biergeschmack individuell bleibt. Und jeder selbst feststellen muß, welchem Bier er das Prädikat »sehr gut« geben würde.

»Deutschlands Biere sind so verschieden wie Hennen auf dem Hofe«, hat einmal der weitgereiste Schriftsteller Mark Twain befunden. »Helle, braune, ja, sogar schwarze... Will man sie alle kennenlernen, so muß man weit zu Fuße sein...« Doch manchmal begaben sich auch die Biere auf geheimnisvolle Weise auf Reisen. So stammt das »Bockbier«, das sich heute im Süden so großer Beliebtheit erfreut, ursprünglich aus der malerischen Hansestadt Einbeck.

PAPYRUS

Das große Geheimnis des Biers

von Gabriel Laub

Im Jahre 1992 tranken die Deutschen 144,2 Liter Bier pro Kopf. Da die Statistik auch Säuglinge, Sektierer, Gesundheitsfanatiker und andere notorische Nichtalkoholiker umfaßt, kann man sich vorstellen – wenn auch nicht genau ausrechnen –, wie viele Liter in den Kehlen der richtigen Trinker verschwanden. Die Deutschen gehören zu den eifrigsten Biertrinkern der Welt – sie stehen aber nicht allein. Wollte man eine Regierung in Deutschland, Böhmen, Holland oder England stürzen, müßte man sie nur dazu bringen, ein Bierverbot zu verhängen.

Ich versuchte auszurechnen, wie groß und tief ein See wäre, der den jährlichen Pro-Kopf-Verbrauch der 80 Millionen Einwohner Deutschlands faßte, meine mathematischen Fähigkeiten verkümmerten aber etwas seit meiner Schulzeit. Wahrscheinlich wäre der Biersee im Vergleich mit den wirklichen Seen nicht besonders groß – es hat aber auch noch kein Volk ernsthaft versucht, den Baikal- oder auch nur den Bodensee leerzutrinken. Die verbrauchte Menge des Kehlendurchläufers ist trotzdem beachtlich. Haben die Deutschen, die doch nicht in dem austrocknenden tropischen Klima leben, besonders viel Durst? Nun, mit dem gemeinen biologischen Durst, also dem Verlangen nach Ausgleich des Wassermangels im Körper, hat das Biertrinken nichts gemein. Es wäre auch schade, gutes Bier als Wasserersatz zu verschwenden.

Unverzichtbarer Bestandteil des Biers: der Hopfen. Bereits im 12. Jahrhundert wird er von Hildegard von Bingen als Zutat fürs Bier erwähnt.

Der Form und dem Namen nach ist Bier ein Getränk. »Bier« kommt vom lateinischen »biber« und bedeutet schlicht »Trank«, genauso wie das slawische Wort »piwo«. Dies ist aber nur eine Tarnung, die den Vorwand liefert, Bier als legitimes Mittel gegen Durst zu genießen. Als Durstlöscher kann man höchstens das erste Bier gelten lassen – das zweite, dritte und alle weiteren löschen nichts, sie entfachen nur den unstillbaren Bierdurst, den ihre Vorgänger hervorgerufen haben.

Wie ein finnisches Sprichwort sagt: »Bier und Mädchen haben viel Glück: Das Bier trinkt man ohne Durst, und die Mädchen heiratet man ungeprüft.« Lassen wir die Aktualität des zweiten Teils des Sprichworts ebenfalls ungeprüft, es ist nicht unser Thema.

Das wußten aber auch schon vor sechstausend Jahren die alten Sumerer, die sagten: »Wer viel Bier trinkt, muß Wasser trinken«, womit sie wahrscheinlich sowohl den Nachdurst als auch die leeren Taschen nach ausgiebigem Bierkonsum meinten.

Das Bier ist eine der ältesten und listigsten Erfindungen der genußfreudigen Menschheit. Man hat es auch zu Recht als Nahrungsmittel bezeichnet. Tatsächlich gehörte das »flüssige Brot« zum festen Bestandteil der Löhne von ägyptischen Pyramidenbauern und babylonischen Erntehelferinnen. Und Friedrich der Große empfahl seinen Preußen Bier statt des in Mode kommenden Kaffees, »wofür viel Geld aus dem Lande geht. Seine Königliche Majestät wurde höchstselbst in der Jugend mit Biersuppe aufgezogen.«

Auch die Brotersatztheorie ist ein Vorwand. Warum hätten sonst die Pharaonen ihren Frauen drei Krüge Bier und den Prinzessinnen zwei pro Tag zugeteilt. Denen fehlte es doch nicht an den erlesensten Speisen, geschweige denn an Brot!

Man kann natürlich das Bier als Getränk und als Nahrungsmittel gebrauchen. Auch als Heilmittel wird es von Ärzten verschrieben. Man trinkt es vor allem des Genußes wegen – aber auch dies ist nicht sein wichtigstes Merkmal. Das Wesentlichste am Bier ist, daß es ein Kultstoff ist, dessen Genießen mit Ritualen verbunden ist.

Schon die Sumerer und Babylonier opferten Bier ihren Fruchtbarkeitsgöttinnen. Und bis heute werden mit ihm riesige Feste gefeiert, wie das Oktoberfest in München, das in aller Welt Nachahmer hat. Das Bier hat in Bierstuben, Kneipen, Gaststätten, Wirtschaften, Kellern, Pubs oder Inns seine Kultstätten. Das Zapfen ist ein Ritual, und wehe einem Wirt, der es nicht beherrscht!

Bier allein zu trinken, geschweige sich damit allein zu betrinken, ist nicht das Wahre. »Allein trinkt ein Ochs«, sagen die Tschechen, die unter den Bierfreunden ihren Rang haben. Ich weiß es aus eigener Erfahrung: Trinke ich mal zu Hause ein Fläschchen – wegen der Verdauung oder aus Laune –, bin ich sofort bettreif. In Gesellschaft kann ich mehrere Halbe oder auch ganze Maß mit Vergnügen herunterschlucken, ohne müde oder ungesellig zu werden – ganz im Gegenteil.

In Böhmen gehört es zum Ritual des Sonntagmittagessens, daß man aus der Eckkneipe einen Krug frischgezapften Biers holt, ein Ritual, das dem Zusammenhalt der Familie dient.

Bier vereint und verbrüdert. Der beste Beweis dafür sind die Zänkereien unter den Trinkbrüdern an

den Stammtischen – sie benehmen sich eben wie Brüder. Oder: Treffen sich zum Beispiel ein brasilianischer, ein chinesischer und ein deutscher Matrose in einer Hafenkneipe irgendwo in der Welt, können sie sich beim Bier auch ohne Worte verständigen, weil sie merken, daß sie alle einer Religion angehören, der der Bieranbeter. Und es stört sie nicht dabei, daß sie ein Bier trinken müssen, das sie sonst nicht mögen, oder gar ein Dosenbier. »Besser ein dünnes Bier als ein leerer Krug«, sagen die Dänen.

Sonst trinken natürlich die deutschen (böhmischen, englischen, dänischen, mexikanischen) Biergläubigen am liebsten einheimisches Bier. Das heißt – kein Deutscher trinkt »deutsches Bier«. Man hängt am Holsten oder am Löwenbräu, am Dortmunder oder am Flensburger beziehungsweise am absolut unbekannten Hinteroberdorfer Pils. Was für den einen die Krönung aller Biere ist, ist für den anderen ein Gebräu, das man nur in äußerster Not zu sich nehmen kann – nur wenig besser als der leere Krug.

Dadurch, daß es diesen Geschmackspatriotismus erzeugt, der meistens mit Lokalpatriotismus gleich ist, hat das alle verbindende Bier eine trennende oder sagen wir differenzierende Funktion. Mich wundert, daß die Völkerkundler noch nicht begriffen haben, daß sie beim Definieren der Stämme und Stämmchen nicht nur die Geographie und Sprachdialekte berücksichtigen müssen, sondern auch die Zugehörigkeit zu der Glaubensgemeinde einer bestimmten Biermarke. Wenn es in Deutschland rund 5.000 verschiedene Biersorten gibt, dann müßte es auch ebensoviele Stämme geben. Die unterteilen sich weiter in Sippen, die jeweils nur die eine Kneipe als die wahre Kultstätte und den einen Wirt als den wahren Guru ihrer Biermarke anerkennen.

Seinerzeit gab es in einer kleinen westböhmischen Stadt fast einen Aufstand, als man sie admini-

Wie moderne Tempel muten die Hallen mit den riesigen Sudpfannen großer Brauereien an. Modernste Technik hielt Einzug in das jahrtausendealte Gewerbe der Braukunst.

strativ aus dem Pilsner Land in das Karlsbader überführen wollte. Der Casus belli war, daß man in Pilsen eine gute und billige Sorte Bier braute, die nur im Pilsner Land vertrieben wurde.

Nun, der Bierpatriotismus, der sonst gefährlich werden könnte, wird dadurch gemildert, daß die Patrioten auch nur Menschen sind, also nicht hundertprozentig treu. Nur die fanatischsten unter ihnen wären lieber bereit, Milch zu trinken als ein fremdes Bier. Monogamie ist etwas Unnatürliches, und beim Biertrinken verlangt sie nicht einmal die Kirche, deren Klöster zur Entwicklung und Verbreitung des Biers sehr viel beigetragen haben. Tatsache ist, daß ein richtiger Biertrinker nur dann ein echtes Heimatgefühl hat, wenn er in seiner Stammkneipe mit seinen Stammkumpanen sein Stammbier getrunken hat.

Andererseits half das Bier so manchem Bayern, sich mit einem Preußen zu versöhnen, und umgekehrt. Sie lernten, sich gegenseitig zu respektieren, als sie merkten, daß der andere auch einen guten Zug hat.

Bier ist ein Gleichmacher. Es schmeckte zarten Pharaonentöchtern, und es schmeckt robusten Stahlarbeitern. An einem Biertisch treffen sich rechtschaffene Familienväter, die nach ihren drei oder vier Halben friedlich zu ihren noch nicht schlafenden Gattinnen zurückkehren; an einem anderen lassen sich Menschen vollaufen, um dann »über die Stränge zu schlagen«. Dies ist kein Widerspruch; das Bräu, wie jeder Alkohol, bringt bei jedem Menschen das nach oben, was in ihm steckt.

Wenn Politiker mit »dem Volke« reden wollen, um zu zeigen, daß sie ihm nahestehen, tun sie das beim Bier. Mit Champagner wären sie in diesem Fall falsch beraten – es sei denn, sie wollten falsches Lob hören. In der Bierstube hören sie nicht immer die klügsten Reden – ein paar Krüge machen aus jedem Stammgast einen Minister, warum soll er dann klüger sein als seine bestallten Kollegen –, sie sind aber zumindest aufrichtig. »Beim Bier gibt's viel tapfere Leut«, sagen die Bayern.

Und behaupte dann einer, daß ein Getränk, das eint und trennt, das Verbrüderung und Zank unterstützt, das Beine schwer macht und zum Tanzen animiert, ein Getränk, das seit Jahrtausenden Sklaven und Könige genießen, kein mystischer Stoff wäre!

Die Qualität der Gerste, aus der das Malz hergestellt wird, bestimmt auch entscheidend die Qualität des Biers (links).
Bis zu sechs Meter hoch rankt sich der Hopfen an den Stangen. Prüfend fährt der Bauer durch seinen Hopfengarten: Bald kann die Ernte beginnen (rechts).

Bildnachweis

Matthias Groppe 119; **Alexander Haselhoff** 4, 6/7, 10 (o.), 11, 18/19, 22, 29 (u.), 58/59, 62, 63, 66, 86/87, 90/91, 92/93, 104/105, 126/127, 135; **Alexander Walter** 8, 10 (u.), 12/13, 14, 16, 21, 26, 28 (u.), 30, 31, 33, 34/35, 37 (o.), 40, 41, 45, 48, 50, 51, 54, 55, 60, 64/65, 94, 95, 96, 99, 103, 106, 108, 109, 110/111, 113, 118, 119 (u.), 131, 132,133, 138, 142; **Andreas Wemheuer** 23, 27, 28 (o.), 37 (u.), 39, 42/43, 47 (o.), 49, 56/57, 61, 67, 100/101, 112, 134, 136, 137, 140/141, 143

Archiv Deutscher Brauerbund 70, 72, 73, 74, 75, 77, 79, 80, 81, 85; **Deutsches Hopfenmuseum Wolnzach, fotografiert von Alexander Walter** Vorsatzmotiv, 68/69, 78, 97, 115; **Interfoto** 24, 76, 82/83, 88, 114; **aus der Rastal-Sammlung, fotografiert von Alexander Walter** 122, 123, 124, 125; **Kramp und Gölling/Der Feinschmecker** Umschlag-Vorderseite; **The Image Bank** 36, 128; **Uselmann** 29 (o.), 116, 117; **Visum** 32, 44, 46, 47 (u.), 52/53, 120/121